Voyages en Autistan

Du même auteur

Je suis à l'Est !, Plon, 2012.
Éloge du voyage à l'usage des autistes et de ceux qui ne le sont pas assez, Plon, 2014.
Comprendre l'autisme pour les nuls, First, 2015.
De l'amour en Autistan, Plon, 2015.

Josef Schovanec

Voyages en Autistan

Chroniques des « Carnets du monde »

Présentation
de Sophie Larmoyer

PLON
www.plon.fr

12, avenue d'Italie
75013 Paris
Tél. : 01 44 16 09 00
Fax : 01 44 16 09 01
www.plon.fr

ISBN : 978-2-259-24931-7

Préface

Comme beaucoup d'entre vous, un jour j'ai entendu Josef. Et, comme vous sans doute, j'ai eu envie de le rencontrer.

C'était sur Europe 1. Ce matin-là, un dimanche, il était venu parler de son premier livre, *Je suis à l'Est !* Témoignage étonnant grâce auquel Josef nous invite dans son monde, celui de l'autisme, le fameux « Autistan ». Le lire, c'est effleurer la violence à laquelle il a dû faire face à certains moments de sa vie. Depuis celle des petits camarades dans la cour de l'école jusqu'à celle de la camisole chimique. Mais surtout on y découvre toutes ces stratégies positives imaginées par Josef pour contourner les difficultés, et un foisonnement mêlé d'érudition, d'intelligence de cœur et d'humour permanent.

J'avais bien envie de l'interviewer, ce savant aux faux airs de Grand Duduche, mais comment faire pour ne pas être hors sujet dans « Les Carnets du Monde » ? Sauf à considérer que l'« Autistan » serait une contrée étrangère… Un peu tordu et déplacé, comme raisonnement.

Et puis Josef m'a tendu une perche avec son deuxième livre, son titre m'a tout de suite plu : *Éloge du voyage à l'usage des autistes et de ceux qui ne le sont pas assez.*

Nous nous sommes donc rencontrés. Sur Europe 1, il nous a raconté comment les voyages changeaient sa vie, lui qui quelques années auparavant peinait à prendre le bus en bas de chez lui.

Depuis quelques années, Josef vadrouille, donc. En quête de savoirs, d'une nouvelle langue rare à apprendre… et de ces rencontres improbables, partagées au fil de nos chroniques radiophoniques. On se dit que ces rencontres tiennent parfois du petit miracle. Car vous allez vous en rendre compte, Josef déploie des trésors d'ingéniosité pour ne croiser personne de manière impromptue. Il est ce garçon qui, à l'autre bout du monde, préfère marcher deux heures entre l'aéroport et son hôtel (il a repéré les petites routes avant de partir, merci Internet !), plutôt que prendre un taxi à qui il faudrait parler. Et pourtant, à la fin, toujours, Josef vous raconte ses amis des zones tribales du Sistan-o-Balouchestan, du Yémen et d'Ouzbékistan. Ou encore ce grand professeur américain, autiste Asperger comme lui, qu'il a recroisé en Chine cet été. Normal.

À travers ses histoires, c'est la comédie humaine du monde qu'il nous raconte. Il le fait avec ses casquettes de docteur en philosophie, diplômé de Sciences Po, traducteur polyglotte, bien sûr. Mais surtout comme un homme de cœur, par ailleurs porteur d'autisme, ce « petit truc en plus », comme il l'appelle. Avec son regard singulier, sa sensibilité extrême et une bonne dose d'humour, Josef nous aide à voir le monde autrement. En nous invitant en « Autistan », discrètement il nous tend un miroir qui nous rappelle que la « normalité » est une notion bien relative...

Merci à Fabien Namias, le directeur général d'Europe 1, d'avoir perçu que Josef enrichirait l'antenne de notre radio.

Et merci à toi, Josef, pour ta confiance.

Sophie LARMOYER

Introduction

Note au voyageur arrivant en Autistan

Bienvenue, ami visiteur, en ces lieux reculés desquels l'heureuse fortune fit l'aboutissement de vos pas. En ce pays immatériel des gens bizarres, sis à l'aphélie des trajectoires de vie des excentriques par rapport au sombre astre de la normalité. Un pays dont le nom porte le parfum du lointain des routes infinies de l'Asie centrale, autant que les rêves de tous ceux que Tyché, maîtresse du destin des mortels, fit naître sur une planète autre que celle qui eût dû leur revenir en propre.

Car en vérité l'Autistan, puisqu'il est bien question de lui, n'a d'autre matière que l'étoffe des songes. Sa visite ne requiert nul déplacement géographique aux confins du globe, et sa découverte n'exige nulle fatigue du corps. Pour autant, c'est à une odyssée autrement plus complète que ce que proposent les mieux achalandées des agences spécialisées que votre chemin vous a mené.

Non, l'Autistan n'est point une nouvelle variante d'un pays déjà connu, qui ne se démarquerait que par des appellations différentes de lieux, mets et objets habituellement maniés dans le pays d'origine : si d'ordinaire les guides touristiques font découvrir les pays en énumérant leurs lieux de plaisir et d'agrément afin que le visiteur y reconnaisse plus aisément ceux qu'il a coutume de fréquenter, rien de tel n'est possible pour l'Autistan. Comment en effet citer des bonnes adresses de discothèques, restaurants et hôtels de luxe, alors même que les autochtones, ne jouissant point de leur aménité, ne prirent pas le soin d'en édifier dans leur pays ? Ici, pour une fois, nulle traduction juxtalinéaire ne pourra aider le visiteur à retrouver ses repères. Ce sont plutôt les repères eux-mêmes qui, ici, perdent de leurs altiers traits.

Loin de reproduire et d'imiter sous des dénominations diverses, par l'un de ces penchants mimétiques dont certains grands savants ont cru devoir faire l'attribut universel du genre humain, c'est d'une tout autre manière que les citoyens d'Autistan ont donné cours à leurs talents et à leur vie. Tel le peuple légendaire des Troglodytes dont Montesquieu fit en son temps l'apologie dans ses *Lettres* qu'il baptisa « persanes » pour en défendre et illustrer la différence, et dont la société fort étrange n'était que le reflet de leur nature fondamentale, les habitants de l'Autistan ont bien autre chose à offrir que des noms de restaurants et autres variations dont la découverte fait les délices habituels du voyageur autant que ses tourments.

Détrompez-vous, ami lecteur, si vous êtes de ceux qui, blasés d'une vie par trop régulière et dont l'acédie de l'âge ôta jusqu'à la perspective qu'il eût pu en être autrement, croient avoir exploré tous les recoins de l'existence humaine et, par trop habitués à l'espace restreint de leur acétabule, peinent à se convaincre qu'une manière radicalement autre d'être humain puisse trouver place en ce monde. L'exquise pudeur des citoyens d'Autistan et l'absence de publicité faite à leurs pourtant riches existences, de leurs effets conjugués, peuvent, j'en conviens pour autant, conduire à passer à côté de leurs trésors.

N'ayant en mes tendres années du fait de ma bizarrerie trouvé de place stable dans le monde, et devenu de ce fait saltimbanque sur ses routes, il m'a été donné d'en parcourir nombre de chemins ou sentiers solitaires. C'est là que, parfois, à l'issue d'un ultime détour, mon errance fit s'ouvrir à mes pas une clairière. Que j'ai pu rencontrer ces visages d'étranges allogènes qui, depuis lors, peuplent mes songes. N'ayant point de quibus par moi-même, des trésors de ces visages je fis office de simple sacquetier. C'est, ami lecteur, faute d'une chrématistique digne de ce nom, le fruit de ces errances que je dépose à vos pieds. Et c'est donc, faute de mieux, à l'auteur des présentes qu'échoit la redoutable tâche de s'improviser, l'espace d'un instant, de ce pays de l'étrange le cicérone.

Qu'il me soit permis d'ajouter à ces mots mes remerciements émus à ceux qui m'ont gratifié de leur aide ainsi que noble droiture, et à la louange desquels les ardeurs de mon âme que recèle un visage peu mobile me feraient volontiers entonner le bardit. Que de la longue tabelle de leurs noms ne soit cité ici que celui de Sophie Larmoyer, celle à qui les présentes chroniques doivent tout, celle qui, alors que j'étais quinaud de tant de déconvenues et une fois de plus dénué d'emploi, voulut faire de votre tabarin de serviteur son collaborateur, me téléphonant alors que je cheminais sans but entre les monts de l'Himalaya en l'été de l'an de grâce 2014, m'appelant à Paris tel Amos, bouvier et pinceur de sycomores, de derrière mon troupeau. Qu'à elle Thémis, plus que ces simples paroles, accorde la récompense de ceux qui de leur vertu brisent les murs séculaires de l'exclusion pour édifier enfin un monde meilleur.

À Al-Qâhira (littéralement « la Victorieuse »), le neuvième jour de la première lune de la terre assoiffée (Jumâdâ) de l'an 1437 de l'exil (18 février 2016), cent dixième anniversaire de Hans Asperger.

Premier voyage

Où l'utilité de l'accent suisse nous est exposée

6 septembre 2014

La vie fut dès ses prémices bien cruelle avec votre serviteur, puisque Dame Nature me fit naître le deuxième jour de décembre de l'an de grâce 1981, soit, ainsi que je ne le sus que bien plus tard, le même jour et la même année qu'une dénommée Britney Spears. La providence ne s'acharnant pas outre mesure, elle fit de cette funeste date notre seul point commun.

Dans un tout autre registre, je suis né également avec autisme. Si l'autisme s'accompagne d'une longue liste de signes et symptômes que les spécialistes étudient avec un luxe de détails, l'un de ces signes, moins connu, a pourtant eu une influence majeure sur le cours de ma petite existence : j'ai une manière étrange de parler, avec un débit régulier et lent, et qui suscite tantôt la curiosité, tantôt les railleries chez mes interlocuteurs. Ceux qui se croient malins ont tôt fait d'identifier la source du problème : j'ai un accent suisse.

Ainsi, lors de la grève des CFF, ou plutôt, pardon, de la SNCF, parce que les CFF ne font pas grève, j'étais condamné comme tout le monde au covoiturage pour mes pérégrinations sur le plancher des vaches. Ce jour donc, les hasards des réservations sur Internet m'assignèrent une voiture dont le conducteur n'était autre qu'un policier. Crise oblige, eux aussi font du covoiturage. C'est là que le problème de mon accent s'est posé une fois de plus. Mon interlocuteur haut gradé, remarquant que je parlais avec un accent bizarre, m'avait tout de suite demandé : « Mais c'est quoi cet accent ? » J'étais bien embêté… Ceci étant, ayant été souvent confronté à ces dilemmes, ma solution était prête : j'ai commencé à parler de la Suisse. Aussitôt, le problème était résolu : j'étais suisse. Heureusement que le conducteur-policier, par réflexe professionnel, ne m'avait pas demandé mes papiers : j'aurais été bien embêté.

De plus en plus souvent d'ailleurs, je me fais passer pour un Suisse. Non pour des raisons fiscales. Je prends simplement mes précautions.

Lorsque je commence à parler en public, très souvent, j'introduis quelques éléments sur la Suisse : le chocolat, ou le couteau suisse, pardon, le « couteau militaire » comme on dit en Suisse. De suite, la question de mon accent est résolue.

Parfois, la machine se grippe toutefois. Surtout quand je me rends en Suisse. En Suisse, en effet, l'explication par la Suisse ne tient plus. On ne m'y croit pas. Nécessité faisant loi, je change alors de stratégie : je parle de la Belgique. Des frites et de tout le reste.

Amis lecteurs, je vous le dis les yeux dans les yeux : parole d'autiste (et pas d'homme politique, ne confondons pas tout), je n'ai pas de compte en Suisse. Juste un peu, un petit bout de mon cœur qui est resté en là-bas. Un cœur qui vibre quand je songe à la phrase qui clôt le préambule de la Constitution helvétique de 1999 : « La force de la communauté se mesure au bien-être du plus faible de ses membres. »

Deuxième voyage

Où l'on affronte le terrible mangeur de pain

13 septembre 2014

Il en est de la république des voyageurs comme de tout autre pays : ses habitants, tout nomades qu'ils fussent, relèvent de diverses espèces. Et ce sont souvent des gens un peu à part, des gens bizarres. Parfois des hippies un peu égarés, les vêtements sales et sans le sou. Mais pas toujours. Il y a parfois des grands voyageurs dont la différence est beaucoup plus subtile et je crois qu'une petite histoire chinoise peut le dire mieux que mille théories.

Ayant passé une partie de l'été dans l'Empire du Milieu, j'y ai revu Daniel. Daniel est un ami d'assez longue date. Pardonnez que je ne donne pas son nom de famille : il tient à la discrétion. Non pas pour des raisons fiscales : Daniel est un de ces grands professeurs, un de ces grands savants reconnus dans son pays. L'un des plus grands sinologues d'Amérique, un peu comme l'était en France Étiemble, ce grand linguiste français spécialiste de la Chine. Daniel est de l'humilité et de la simplicité proverbiale des sages véritables ; il est, de ce fait même, dans un fâcheux décalage permanent avec le monde qui l'entoure.

C'est là que survient le drame. Une chaude nuit d'été, humide et sombre comme toujours en cette fin de mois d'août dans la province du Zhejiang, au sud de Shanghai. Daniel voyage en bus, l'un des innombrables véhicules collectifs qui, à toute heure du jour ou de la nuit, sillonnent les longues routes de l'immense pays. À côté de lui, une famille locale ; le petit dernier, haut comme trois pommes, sommeille lourdement dans les bras de sa mère. Jusqu'à ce que soudain il se réveille à demi, lève la tête et reste muet de stupeur. L'enfant aperçoit à côté de lui un être grand, aux cheveux gris et à la peau blanchâtre. Sans doute l'un de ces dragons dont sa mère lui avait tant parlé. Un monstre en tout cas pour cet enfant qui n'avait encore jamais vu d'Occidental dans sa courte vie. Cri de terreur, et le bambin se jette sur sa mère et murmure : « Un mangeur de pain. »

On peut bien sûr se moquer de ce garçonnet. Rire de son innocence. Ce serait passer à côté d'un aspect majeur de la situation : autant les raisons qui rendent Daniel bizarre aux yeux candides de l'enfant chinois sont manifestes et plaisantes, autant celles qui font de Daniel un marginal excentrique dans ce qui devrait être son pays le sont moins. Assurément, Daniel est bizarre. Il ne porte pas de vêtement à la mode, ne lit pas la presse people. Il ne connaît pas Britney Spears – grand bien lui fasse. En revanche, Daniel se passionne pour les traités d'étymologie du vieux chinois et autres grimoires dont il est probablement l'un des seuls lecteurs de l'âge contemporain.

C'est d'ailleurs pour cela que j'aime beaucoup Daniel. C'est pour cela que nous passons de très bons moments ensemble à parler de sujets peut-être un peu marginaux. Étrangement, Daniel préfère communiquer avec moi plutôt qu'avec certains de ses collègues. Moi qui suis le petit jeune, qui ne suis même pas américain, et encore moins sinologue. Nous avons peut-être une différence commune et surtout une commune humanité. De quoi peut-être méditer ce slogan fameux : « Marginaux de tous les pays, unissez-vous. »

Troisième voyage

Où l'on apprend à déjouer les mille sortilèges des femmes du Balouchestan

20 septembre 2014

Lorsque pour la première fois j'entendis l'expression « axe du mal » de la bouche d'un ancien président américain, je ressentis une forte envie de visiter cette partie du monde. Il me fallut attendre quelques années avant de pouvoir enfin réaliser ce rêve. L'hiver dernier, mes pas m'ont ainsi mené pour la deuxième fois dans ce qui est peut-être l'épicentre même du mal : le triangle diabolique entre Afghanistan, Pakistan et Iran, le plus perdu des coins perdus du monde, les zones tribales du Sistan-o-Balouchestan. Une région pour laquelle les rares guides touristiques donnent pour tout conseil : « N'y allez pas », en lettres rouges. Et qui, de toute manière, est normalement fermée aux étrangers.

Grâce à divers amis (que Dieu préserve leur secret, comme on dit dans ces contrées), je pus passer les lignes. De toute manière, qu'a-t-on à craindre ou à perdre quand on n'est qu'autiste du voyage ? Un soir de janvier 2014, l'un des rares jours de l'année où les tempêtes de sable laissent place aux tempêtes de neige, j'étais dans la demeure de mon ami Mostafa. Mon ami est un homme fin et cultivé, aussi à l'aise dans la poésie classique que dans les technologies ; il est d'ailleurs ingénieur dans le BTP. Cependant, ce soir-là, il était d'humeur maussade. Assis sur un luxueux canapé, les pieds sur un magnifique tapis persan, il se mit subitement à me parler des femmes.

Et Mostafa me parla en ces mots : « Les femmes sont dangereuses. Elles ne t'aiment pas, elles apprécient seulement ton argent. Et ne pense pas que tu parviendras à préserver d'elles ta fortune : elles découvrent toutes tes cachettes, s'emparent de tes biens, argent, maison, voiture, et disparaissent dans la steppe, tel un esprit malfaisant. » L'explication de mon ami s'éternisait, sans cesse avec de nouveaux détails et de nouveaux arguments. J'écoutais, un peu surpris au début, puis de plus en plus admiratif face à tant d'éloquence et de force de conviction.

Saadi, un des grands poètes de la Perse, disait : « Sans la patience, il n'est point de sagesse. » Aussi j'attendais. Et je finis par lui suggérer d'écrire un livre sur ces sujets. Un livre qu'il pourrait intituler « La science des femmes », ou que sais-je, peut-être que cela aurait du succès. Mais au lieu de s'apaiser, mon ami s'emporte : « Quelle idée ! On ne peut pas écrire un tel livre ! Ce que je t'explique tout le monde le sait, il n'y a que toi, l'Occidental, à ignorer ces choses. »

Et c'était reparti pour de nouvelles explications. Mais l'heure passait, la soirée était bien avancée et ma fatigue s'accroissait. Je ne suis pas habitué à parler en persan durant des journées entières. Pourtant je devais, d'une manière ou d'une autre, montrer à mon ami que son grandiose raisonnement pourrait comporter une faille. Je finis par lui demander s'il avait exposé cette science à Atefeh, sa sœur, brillante jeune médecin à l'autre bout du pays, à Téhéran. Mon ami s'arrête alors, ouvre des yeux ronds, subitement. Il finit par bredouiller : « Euh… il pourrait y avoir des exceptions. »

Bref, pour reprendre l'enseignement de Saadi : « La parole est la parure de l'âme, fais en sorte qu'elle ne soit pas pour toi une laideur. »

Quatrième voyage

Où l'on cherche un logement étudiant

27 septembre 2014

En ce mois de septembre, il convient d'avoir une pensée particulière pour les étudiants en quête de logement. Notamment pour ceux, phobiques administratifs ou sociaux, qui peinent à trouver leur « piaule » – c'était le mot utilisé par une brochure destinée à servir de guide pratique aux nouveaux étudiants, et qui était arrivée jusqu'à moi par le plus grand des hasards en 1999 ; je l'avais alors lue et relue en boucle durant des jours, ne parvenant pas à donner sens à tous les mots étranges qu'elle contenait.

Il est donc temps de proposer quelques conseils pour trouver un logement, des conseils gratuits pour lesquels vous n'avez besoin ni de garant, ni de paperasse, ni de mallette à billets (qui trouvera toutefois son juste usage pour la production de compost), pas même besoin de compte en banque en Suisse. Bref suivez le guide.

Parmi les biens mis en location cette semaine, figure une maison à Addis-Abäba, la « nouvelle rose », capitale de l'Éthiopie. Tout confort : il y a une plantation de cactus dans le jardin, toit couvert de chaume, un charmant coin cuisine fonctionnant au bois. Un vrai petit paradis, un petit *goudjo* traditionnel. Prix estimé : 70 euros par mois, à négocier bien entendu. Hors taxes ou avec taxes, je n'en sais rien, de toute façon il faudrait être un bête Occidental pour se laisser piquer des sous par le gouvernement. Pour ce qui est des charges, prévoir quelques piécettes pour le porteur d'eau.

C'est un ancien camarade de classe à moi, un copain appelé Théo, qui a déniché cette petite merveille. Comment a-t-il fait ? Je suis jaloux, je vous l'avoue. Il a procédé à la manière des non-autistes : il a tout simplement demandé à une serveuse dans un restaurant, alors entre deux bouchées de *djoro wät* (spécialité locale) et trois gorgées de *tedj* (*idem*). Laquelle serveuse a contacté sa tante, qui en a parlé à son petit-fils. Et bingo, maison trouvée. Et surtout, autant d'amis en plus pour Théo. Sauf que le malheureux a été rattrapé par son destin, parce que au bout d'une année au petit paradis d'Addis, il a dû revenir en France – cela doit faire mal.

Rassurez-vous toutefois, j'ai fini par prendre ma revanche. Il ne faut pas laisser aux non-autistes le monopole des bonnes résidences. Lors de mon tout premier voyage en Iran, j'étais étudiant à Téhéran, immense métropole qui s'étend des flancs escarpés du mont Damavand jusqu'à la plaine désertique. Nous partagions en colocation un bel appartement, donnant sur la chaîne de montagnes, dans un panorama quasiment « himalayen ». Nous étions donc trois, un Brésilien, un Japonais et votre serviteur, ressortissant de l'Autistan. Vous imaginez aisément la suite. Le Brésilien, sans doute plus habitué aux rythmes du carnaval, voulait être chaleureux avec la propriétaire qui était une dame distinguée d'un certain âge. Il négligeait totalement les codes de la culture locale et il finit par se disputer avec la dame. La situation dégénéra d'autant plus que notre camarade ne travaillait pas très bien en classe : son niveau en persan était donc très mauvais. De plus, il négligeait les tournures de respect qui sont de rigueur en Iran. Il fut chassé de la colocation rapidement, à l'issue d'une scène violente à laquelle j'avais assisté, hébété, alors que je devais faire office de traducteur.

Notre ami japonais, tout l'inverse. Excellent élève en classe, très sérieux dans l'apprentissage de la langue. Il connaissait parfaitement toutes les tournures de politesse. Il passait ses journées avec la propriétaire, il multipliait les courbettes, les phrases polies. C'était le grand amour. Et moi dans tout cela, allez-vous demander ? J'avais très peur, tremblais comme une feuille, essayais de fixer du regard mon ami japonais pour tenter de l'imiter, de retenir toutes les belles phrases qu'il déclamait. Malgré plusieurs faux pas, cela a marché. J'ai pu rester jusqu'au bout. La propriétaire m'a même offert des présents : de la nourriture, son téléphone portable, etc.

Moralité de l'histoire : pour loger bien, soyez autistes. Grosse fortune et grande gueule ne font pas un bon logement ; c'est dans le partage que l'on habite vraiment. Et comme on dit chez nous en Éthiopie : « Cinquante citrons sont un fardeau pour une personne ; pour cinquante personnes, ils sont un parfum. »

Cinquième voyage

Où l'on passe la frontière pour regarder des films

4 octobre 2014

Les chemins de la vie nous ménagent bien des secrets. Ils m'ont ainsi mené, il y a de cela quelques jours, de l'autre côté de la frontière franco-suisse, plus précisément à Bâle, tellement près et tellement loin à la fois de la France. S'y tenait un festival international du film handicap, le festival Look & Roll.

Quand la direction du festival m'avait contacté pour me proposer de devenir membre du jury, j'avais cru à une histoire belge : je n'ai aucune compétence cinématographique et ne me rends presque jamais dans les salles sombres. Ni ne connais de stars, à part Britney Spears bien entendu, ma jumelle astrale. Devenir membre du jury d'un festival cinématographique avait donc de quoi surprendre. Ceci étant, je me suis dit que le ridicule ne tuait pas, et qu'un ignorant devienne membre jury de festival n'était pas plus bizarre que la présence d'un incompétent au gouvernement ou, dans un autre registre, celle d'un autiste à la radio.

Que dire sur le contenu du festival, sinon que j'ai été, pour faire mienne la tournure du français suisse, « déçu en bien » ? Le festival fut une déferlante d'excellents films venus du monde entier, sur tous les handicaps imaginables, toute la palette des possibles humains, si j'ose dire. À côté des pays fortement investis de longue date en matière de production cinématographique et de handicap comme l'Angleterre par exemple, c'est l'Australie qui emporte la vedette du moment, avec une sélection éblouissante. La Pologne a également réalisé une belle prestation, avec trois films dans la sélection finale. À titre personnel, j'ai le plus ri devant un film vénézuélien sur la trisomie 21, où des cambrioleurs porteurs de cette particularité avaient, de toute évidence, bien d'autres priorités dans les magasins qu'ils attaquaient qu'un voleur si j'ose dire ordinaire.

Pour autant, à un moment donné, le rire devient amer. Très amer même. Car une nouvelle fois, il n'y avait au festival rien ou presque venu de France. Le handicap, on ne connaît pas trop dans le cinéma français. On a peur. Si je puis confier un demi-secret : en 2013, le festival de Bâle s'était pour la première fois délocalisé à Marseille. Si le public fut ravi, les journalistes et les officiels boudèrent l'événement tout à fait. Avaient-ils peur d'attraper une quelconque maladie par bobine de cinéma interposée ? Nous vous lançons donc un amical défi : à la prochaine édition, venez à Marseille.

En attendant, et pour la route (en fauteuil, bien sûr), une petite histoire. Dans l'un des films australiens présentés à Bâle, *The Interviewer*, l'histoire se déroule dans un cabinet d'avocats, des bâtiments particulièrement luxueux, avec des messieurs très importants en costume-cravate. Il n'y a qu'une zone d'ombre dans ce panorama idéal : un employé du cabinet est porteur de trisomie 21. Comme prévu, on l'a chargé d'une mission particulière : faire le café. Et comme prévu, notre camarade se morfond dans un tel cadre. Il invente donc un stratagème bien à lui : se faire passer pour le grand boss.

À l'arrivée d'un jeune candidat pour un poste au sein du cabinet, il est aux avant-postes pour l'accueillir. Il le fait entrer dans son bureau, c'est-à-dire la cuisine, et lui fait passer un entretien d'embauche à sa sauce. Et là, le spectateur voit comment, au fil de longues minutes, l'anxiété du candidat se mue en terreur, croyant être tombé dans un traquenard et craignant de manquer le véritable entretien. Le supplice prend fin pour lui lorsque la porte s'ouvre et que le vrai patron entre. Ce dernier gronde son subordonné avec trisomie 21 et le renvoie à la cuisine pour faire le café. Peu à peu, toutefois, le véritable recruteur, à savoir le patron, se rend compte que son collaborateur avec trisomie a plus de compétences que lui pour mener les entretiens d'embauche. L'œil affûté d'une personne avec trisomie 21 perçoit tout de suite les qualités humaines réelles d'un candidat : il n'y a pas de simulation ou de manipulation qui tienne. Vous devinez la suite : notre ami avec trisomie devient le nouveau DRH de l'entreprise. Avis à nos amis recruteurs.

Bref, en allant en Suisse, j'ai fait l'inverse de Cahuzac : c'est de Suisse que j'ai ramené un trésor. Un trésor un peu différent puisqu'il croît au fur et à mesure qu'on le partage.

Sixième voyage

Où l'on découvre la véritable utilité de l'alcool

11 octobre 2014

L'un des problèmes majeurs auxquels je suis confronté en voyage, et cela ne surprendra pas, est la manière de dire « bonjour ». Un mot simple en apparence, mais ô combien compliqué, redoutable même, et ce non pas seulement pour les gens avec autisme. Entamer la conversation avec un inconnu n'a rien d'évident : chaque culture prévoit une certaine séquence de mots, de questions ; elle peut être fort longue à l'étranger, forçant l'admiration du visiteur. Ou, dans mon cas particulier, une certaine gêne, par exemple en Iran : lorsque, juste après le « bonjour » ou son équivalent, vient inévitablement la question rituelle : « Êtes-vous marié ? »

Les non-autistes étant plus ou moins pareils en Iran et en Occident, la réponse attendue est évidemment « oui », un peu comme on attend la réponse « bien » en Occident après la question « Comment ça va ? ». À ceci près que, malheureusement ou heureusement, je ne suis pas marié. Surprise, stupéfaction de mon interlocuteur qui s'attendait déjà à passer à la question suivante, à savoir celle concernant le nombre d'enfants.

Soucieux d'éviter de perturber ceux qui tolèrent ma présence, je m'efforce de faire diversion. À force de pratique, je me suis doté de divers outils à cet effet. J'essaie ainsi d'embrayer sur l'alcool : en effet, je ne bois pas d'alcool et je n'en ai jamais bu. L'alcool est donc mon astuce secrète pour me lier d'amitié avec des musulmans, du moins ceux qui ne boivent pas d'alcool, c'est-à-dire, j'ose l'avouer, une faible minorité, même et y compris dans les pays musulmans dits traditionnels. En somme, en Iran, je suis un ovni car je ne suis pas marié, mais me rattrape voire passe pour normal car que je ne bois pas d'alcool.

En Occident, la situation est à peu près inverse. Dans des pays tels que l'Allemagne, on accepte plus ou moins l'idée que je ne sois pas marié, mais on croit que je plaisante ou que je mens effrontément quand j'affirme ne pas consommer d'alcool. La situation la plus compliquée pourrait être celle qui se présente en Russie. Là, parfois, on peine à accepter l'un et l'autre. Que je ne sois pas marié. Et que je ne boive pas d'alcool. Je frôle la révocation de visa.

L'histoire se répète en permanence en quelque sorte, puisque selon le moine Nestor du monastère des grottes de Kiev, et auteur de la *Chronique des temps écoulés*, fabuleux récit de l'histoire ancienne de la Sainte Russie entièrement écrit en vieux slavon liturgique, le prince Vladimir serait devenu chrétien et non musulman car, s'il pouvait se résigner à ne pas avoir quatre épouses, il ne pouvait vivre sans alcool.

De là germe peu à peu la question majeure, celle de l'existence ou non d'une culture idéale. Chacun pourra trouver la sienne : pour Depardieu, qui, paraît-il, descend quatorze bouteilles par jour, cette culture idéale est, sans hésitation ni surprise, la Russie. Pour moi, elle pourrait être plus lointaine. En Extrême-Orient, par exemple dans le bouddhisme chinois, on m'accepte tel que je suis. On y tient pour normal que je ne sois pas marié et que je ne boive pas d'alcool. La moralité de l'histoire pourrait être formulée comme suit : c'est parfois l'être humain le plus éloigné en apparence qui nous est le plus proche.

Septième voyage

Où l'on apprend à échapper aux douaniers

18 octobre 2014

À force de voyager de pays en pays, inévitablement on traverse les frontières. Et on se confronte donc à la redoutable figure des douaniers. D'aucuns objecteront que je n'ai rien à craindre d'eux, étant, en bon autiste – inutile de le préciser –, particulièrement attaché au respect de la réglementation en vigueur dans chaque pays : je n'ai jamais fait de trafic, jamais transporté quoi que ce fût d'illégal. Pourtant, l'idée même d'être pris en défaut est insupportable ; en outre, un contrôle douanier même banal peut être fort désagréable pour une personne autiste. De ce fait, quelques conseils peuvent s'avérer utiles, et vous permettront en outre de parvenir plus rapidement à votre destination.

Ces conseils sont issus d'une expérience personnelle relativement conséquente, puisque j'ai dû franchir la frontière française ou la frontière Schengen au moins mille fois dans ma vie, sans jamais avoir été spécifiquement arrêté par la douane française, alors même que certains de mes amis font fréquemment l'objet d'un tel traitement. J'ai par conséquent voulu deviner les raisons d'un pareil décalage, quels étaient les critères ou astuces susceptibles de nous aider à passer en un coup de vent.

En premier lieu, tout dépend du lieu d'où vous arrivez : si votre vol provient d'un pays où le trafic de drogue est solidement implanté, préparez-vous ; à l'inverse, les voyageurs depuis Oslo pourront se détendre – rien n'interdisant, naturellement, de faire escale à Oslo lors de votre trajet de retour depuis un pays réputé pour ses trafics de drogue. Après le lieu, le temps est un paramètre à ne pas négliger : certains horaires d'arrivée seront plus ciblés que d'autres. Les douaniers travaillent, en effet, aux mêmes horaires que vous et moi, les horaires atypiques impliquant, inévitablement, grogne syndicale et dépenses supplémentaires : ainsi, le voyageur gagnera en sérénité en préférant, justement, ces horaires d'arrivée.

Le « jour J », il convient de soigner sa tenue vestimentaire, élément déterminant du contrôle, tout en sachant raison garder : si une tenue de qualité est clairement un atout pour un vol depuis Cayenne, elle sera un handicap pour un trajet vers la Suisse. Les hommes d'affaires qui voyagent souvent entre Suisse et France savent parfaitement éviter tout signe de luxe. Hors de France, efforcez-vous de vous vêtir comme les gens du pays : par exemple, si vous allez en Iran, ne mettez pas de cravate. En Israël, si vous êtes un homme, faites comme moi : mettez une chemise blanche et un pantalon noir, et nul ne vous arrêtera.

Au moment fatidique de ce que l'on nomme dans le jargon le « filtre », à savoir l'endroit où se tiennent les douaniers en embuscade, ne soyez ni le premier, ni le dernier à vouloir passer. Ne vous retrouvez jamais seul face aux douaniers. La petite foule vous protège, et rien de mieux que des douaniers débordés. Veillez à toujours passer après une personne plus louche que vous. Repérez également les personnes insoupçonnables, parce que c'est avec elles que vous passerez : ainsi, quand une grand-mère adorable est dans les parages, je m'approche jusqu'à donner l'impression d'être son accompagnateur. Si je l'aide, en outre, à porter sa lourde valise, elle en sera reconnaissante et je passerai d'autant plus aisément. Dans les aéroports très sécurisés, je pense notamment à Tel-Aviv, prenez toujours les escalators et autres tapis roulants, jamais les escaliers immobiles : c'est là que vous attendent les agents de sécurité pour vous interroger.

Immédiatement avant d'entrer dans le filtre, n'oubliez pas de contrôler votre posture. À titre personnel je ne rase jamais les murs, et marche toujours en plein milieu du passage du couloir. Je ne regarde pas autour de moi, et ne regarde surtout pas les douaniers : à cet égard, être autiste est un avantage parce que c'est le contact visuel qui déclenche le plus souvent les contrôles et trahit les trafiquants. Il importe de paraître pressé et d'ignorer les douaniers : cela indique que vous avez déjà autre chose en tête. Et ne variez pas la vitesse de marche quand vous passez.

Si, en France, par malheur, vous entendez le cri « Monsieur » ou « Madame », faites semblant de n'avoir rien entendu. Peut-être que quelqu'un d'autre était désigné. Ou que les douaniers ne visaient personne en particulier, comptant simplement sur le réflexe du passant qui s'arrête, se sentant visé du fait de la culpabilité qui le ronge. Quoi qu'il en soit, rarement un douanier prendra la peine de se jeter physiquement devant vous pour vous arrêter.

En pareil cas, la meilleure stratégie est d'avoir l'air quelque peu naïf et benêt, en aucun cas expert. Pour ma part, quand je suis par exemple dans des pays de type Russie, Azerbaïdjan ou même Algérie, tous très sensibles au trafic de devises, j'ai tendance à solliciter par moi-même les douaniers pour leur demander benoîtement : « Quel est le plafond d'importation de devises ? » Si le douanier me répond par exemple « 3 000 dollars », alors je réplique, « Ah, mais je n'ai que 134 euros. » Lui de conclure : « Passez, passez. » Et l'affaire est réglée.

Être naïf et benêt présente également d'autres avantages. Parfois, je réussis des coups assez incroyables. Ainsi, dernièrement, je suis parvenu à prendre l'avion d'Australie vers la Chine sans passer sous le détecteur à métaux à l'aéroport de Darwin. J'avais, je l'avoue, fait une petite bêtise : ayant laissé un peu d'eau dans une bouteille, je me sentais tellement coupable et ai bredouillé tant d'excuses avant même le contrôle à la personne chargée de la sécurité que celle-ci, me jugeant probablement inoffensif, m'a laissé embarquer sans passer sous le détecteur à métaux.

Ailleurs, vous pourrez jouer la carte culturelle. Beaucoup de douaniers, du moins dans certains pays, sont très bavards : profitez-en pour leur poser des questions sur leur ville d'origine, leur restaurant préféré, tout ce qu'il vous plaira. Ils seront ravis de devenir vos amis. C'est ainsi que je suis devenu ami avec le directeur de l'aéroport de Samarkand, en Ouzbékistan, qui m'a invité plusieurs fois à prendre le thé dans son bureau. Peut-être, à vrai dire, que j'ai raté ma vocation… j'aurais dû devenir douanier.

Huitième voyage

Où l'on affronte les non-autistes dans le métro

25 octobre 2014

Hier, j'ai passé une excellente journée. Je l'ai entièrement consacrée à rechercher des détails techniques sur la manière dont le métro de Berlin a été coupé durant la guerre froide en deux réseaux distincts, celui de Berlin-Est et celui de Berlin-Ouest. Une journée particulièrement stimulante, donc, destinée à découvrir celui qui ne l'est pas moins, à savoir le métro et les rencontres qu'il permet. Un auteur américain avait fameusement comparé l'apprentissage d'un enfant autiste à celui d'un anthropologue sur Mars. Dans le métro, pourrait-on dire, observer les autres est riche en découvertes. On économise le prix de l'entrée au théâtre.

Pourtant, je dois reconnaître que je n'affectionne guère les transports en commun en tant que tels. La pratique m'est toujours plus ardue que la théorie. Par le passé, prendre le bus pour trois stations était pour moi une épreuve majeure. Petit à petit, malgré les obstacles, j'en ai fait mes lieux d'observation, mon observatoire anthropologique. Je teste les gens non-autistes, leur culture, leur manière d'être polis ou non.

Il m'est ainsi apparu qu'il y a, hélas, des cultures où les gens aiment se heurter physiquement. Des pays tels que la Russie, certains pays arabes, parfois le Moyen-Orient. On croirait presque que les gens sont déçus lorsque la rame n'est pas bondée, que pour parler à l'autre ils doivent le toucher par exemple. Ce point pourra susciter l'intérêt des investisseurs et autres heureux possesseurs d'un esprit d'entreprise, puisque ces mêmes pays sont ceux où l'on n'aime pas les distributeurs automatiques, en raison précisément de la nécessité du contact direct avec l'être humain. Inutile donc d'y implanter votre société spécialisée. À cet effet, il conviendra de cibler d'autres pays : Corée, Taiwan, Singapour… Là, non seulement on utilise les distributeurs automatiques, mais en plus les passagers se déplacent suivant un ordre géométrique pour entrer ou sortir des rames, et se mouvoir dans les escaliers. Parfois, j'ai vu de véritables exploits, des gestes techniques remarquables. On y fait l'impossible pour ne pas vous heurter ni vous toucher à l'improviste. En revanche, dans ces mêmes pays, ne tentez pas d'ouvrir une entreprise spécialisée dans la propreté : il n'y aurait pas de marché pour vous. Tout est déjà impeccablement propre. Un rêve d'autiste en somme.

Mon autre domaine d'expérimentation est la politesse des autres personnes. À cet égard, en tant qu'Occidental, on se sent parfois tout petit. Je me souviendrai toute ma vie de mon voyage dans un bus de Téhéran où j'avais pour la première fois cédé ma place à un vieux monsieur. Il était grand, très grand, la barbe et les cheveux blancs comme neige. Il m'avait saisi à l'épaule et m'avait sommé de renoncer à mes idées, bien sûr au nom de Dieu le clément et le miséricordieux. Comme je connaissais déjà un tout petit peu la culture locale, je m'étais dit qu'il fallait insister, qu'il fallait répéter ma proposition… Autre exclamation de mon interlocuteur la main sur le cœur… Et gêne croissante de ma part parce que je pensais que tout le monde dans le bus nous regardait. Ce ne fut qu'à l'issue d'un long moment que le monsieur accepta de prendre ma place. Quant à moi, être peu courageux, je me suis précipité vers la sortie à la station suivante.

Depuis, je me suis adapté. Dans le métro de Téhéran je reste debout, refusant de m'asseoir précisément pour ne pas devoir céder ma place. Pour reprendre Hafez de Shiraz, l'un des plus grands poètes de la Perse classique : « Les fruits du paradis n'ont pas de goût à qui n'a pas vu le visage de l'élu de mon cœur. Ne te plains pas des difficultés du chemin, le réconfort vient à qui endure l'épreuve. »

Neuvième voyage

Où l'on affronte victorieusement des fantômes du bout du monde

1er novembre 2014

En Autistan, les habitants sont en général peu crédules. Si l'on y rencontre nombre de personnes bizarres, je ne peux croire en l'existence de fantômes. Lorsqu'il exécute un tour de magie, le magicien essaiera de dissimuler le geste critique par un clin d'œil ou une parole gentille visant à détourner l'attention du spectateur. Les gens autistes toutefois ne sont pas si aisément dupes et démasquent souvent les mauvais magiciens. Loïc, un ami avec autisme, veut quant à lui réellement rencontrer des fantômes. Il se rend donc dans des maisons hantées muni de son magnétophone allumé. Sans succès... il est sans doute par trop rationnel.

Ayant, de mon côté, également cherché des fantômes, je crois que, à deux reprises, j'ai failli en rencontrer. La première fois fut loin d'ici, dans les contrées désolées des zones tribales du Sistan-o-Balouchestan, en Iran, un jour de janvier 2013. Je roulais au milieu de nulle part sous les nuages gris et bas, avec une sorte de jaune, de sable dans l'air, une ambiance très particulière. J'étais sur le siège passager, à côté du conducteur, un Baloutche en tenue traditionnelle. À un moment donné, il accéléra considérablement, puis quitta la route principale, s'égarant dans les dunes. Ne comprenant pas son attitude, je finis par lui demander de s'arrêter, pour que je prenne une photo. Refus catégorique. Il me confia, dans un souffle, qu'il y avait « beaucoup de fantômes par ici ». Si je ne les ai pas croisés, ils nous ont été fort utiles : grâce à eux, nous avons rejoint une demeure isolée, où nous fûmes magnifiquement accueillis par des gens étranges et gentils. Peut-être s'agit-il là du premier rôle des fantômes : rapprocher des gens qui autrement ne se seraient jamais rencontrés à cause des barrières culturelles, notamment.

La deuxième fois eut lieu plus près de chez nous : en Transylvanie, cette province un peu sauvage de Roumanie. Une province réputée grâce à l'un de ses éminents ressortissants, à savoir l'oncle Dracula, évidemment. Je fus durant trois ans membre de différents colloques autour de la mort, sa sociologie, etc. De fait, je fus souvent du voyage en Transylvanie. Nous n'avions du temps libre que le soir. Ce fut donc vers minuit que je m'aventurai, à la lumière de mon petit téléphone portable, dans les cimetières abandonnés, autour des églises, dans la campagne profonde de Transylvanie. Le prince Dracula ne supportant pas la lumière du jour, je me présentais sur ses terres au moment propice à une éventuelle rencontre. Je pensais le croiser, mais je finis par rencontrer quelqu'un d'autre. J'ai ainsi fait connaissance, non d'un spectre, mais d'une excellente amie, Gevher, professeure d'histoire de l'art funéraire à Istanbul. Dorénavant, lors de mes visites à Istanbul, j'ai la meilleure des guides. Le tout grâce à Dracula et ses fantômes.

Une femme de lettres du XVIIIe siècle, Marie du Deffand, amie de Voltaire notamment, avait fameusement déclaré : « Je ne crois pas aux fantômes, mais j'en ai grand peur. » Pour ma part, je les rechercherais presque. Pourquoi vouloir chasser ceux qui nous rapprochent, riches et pauvres, nomades baloutches et sages professeurs ? Ces êtres, comme l'écrivait Shakespeare, qui comme nous sont fait de l'étoffe des songes ?

Sans oublier une pensée troublante : et si, parmi la foule innombrable des fantômes du monde, il y avait des autistes ? De nombreux dépistages en perspective.

Dixième voyage

Où l'on s'installe dans des cimetières

8 novembre 2014

Voyager, nous l'avons compris, n'est pas toujours chose aisée. De ce fait, j'ai été amené à imaginer d'autres formes, pour ainsi dire alternatives, de tourisme. L'une de mes préférées est le tourisme des cimetières. L'idée m'en est venue il y a longtemps déjà, à Saint-Tropez. Des amis de mes parents m'y avaient emmené pour me faire découvrir le village des stars, pensant me faire plaisir le temps d'une journée. Las ! le lieu était horriblement bruyant et grouillait de monde. Je suis donc, assez naturellement, allé passer la journée au seul endroit calme, très calme même, à savoir le cimetière marin. Et cela m'a donné à réfléchir.

Plus tard, j'ai commencé à appliquer cette stratégie de manière délibérée, visitant les cimetières pour découvrir les villes, les pays, les cultures. Ainsi, à Rabat, j'ai découvert de la sorte une ville nouvelle, l'immense cimetière qui fait face à la mer, peut-être l'un des seuls lieux autisto-compatibles avec la grande bibliothèque de la capitale marocaine. À Istanbul, j'ai découvert l'histoire ottomane par le prisme original du cimetière d'Eyüp. Défilé à travers les siècles. Gratuitement. Et sans la foule de touristes. Le tout avec la plus experte des guides, Gevher, mon amie professeure d'art funéraire à l'université d'Istanbul. Ou encore, au cimetière Bellu de Bucarest, où j'ai vécu de véritables temps forts. Je me souviens de l'émotion que j'ai éprouvée lorsque j'avais enfin trouvé après une longue recherche la tombe d'Eminescu, le poète national roumain. Ou en voyant les tombes de Roumains datant de l'époque où la Roumanie était francophile au-delà de toute mesure, et où on avait coutume d'écrire les épitaphes en français : combien faut-il aimer un pays étranger pour faire graver dans sa langue ces derniers mots : « À mon inoubliable épouse » ?

Il y a mieux encore. En visitant les cimetières, je me suis fait des amis chez les moines bouddhistes. En effet, lors de mon premier séjour dans un monastère bouddhiste à Taiwan, les moines étaient fort étonnés que je souhaite visiter (j'étais bien le seul dans ce cas) l'équivalent local du cimetière : ils y ont peut-être vu une forme de piété ? Qui sait ?

Enfin, la découverte liée aux cimetières qui m'a le plus marqué provient de ce temps que j'avais passé sur l'antique montagne aux morts située non loin d'Ispahan, en Iran. À la grande stupeur de mes amis iraniens, qui en ignoraient l'existence même. Un soir de janvier 2014, je réussis à convaincre, à l'issue d'une longue discussion, un taxi de m'emmener en ce lieu que, lui non plus, ne connaissait pas. Là, sous les chutes de neige et dans la pénombre, j'ai lentement grimpé sur l'arête rocheuse, vers les ruines d'un très vieux temple des adorateurs de feu (zoroastriens) situé à son sommet, ainsi que les ruines d'une « tour du silence », où jadis on offrait les morts aux oiseaux du ciel. Une expérience à la limite du réel. Un film sans caméra, en quelque sorte.

En somme, si Euripide disait que « l'hommage rendu aux morts est la parure des vivants », on pourrait ajouter, sans vouloir abîmer cette phrase magnifique, qu'il est également le refuge des voyageurs autistes et autres gens bizarres. Tant de centaines de milliers de petites gens ne vivent-elles pas, au Caire, dans les immenses cimetières de la ville ?

Onzième voyage

Où l'on visite, enfin, les lieux d'aisances

15 novembre 2014

Le 19 novembre de chaque année est la journée mondiale des toilettes. À vrai dire, pour moi, nul besoin d'attendre ce jour pour faire mes repérages : cela fait des années que j'observe les toilettes du monde. L'un de mes souvenirs chocs aura été, il y a une quinzaine d'années, alors que j'étais étudiant à Sciences Po Paris, de croiser au sortir des toilettes Gorbatchev en personne. Il venait pour une conférence, à l'inverse de l'auteur de ces lignes qui s'enfuyait pour éviter la foule que l'éminent dirigeant soviétique avait levée. Bref, ce fut donc au sortir des toilettes que je croisais l'une des figures légendaires de mon enfance, avec Staline et Brejnev, dont les noms retentissaient peut-être vingt fois par jour chez mes parents.

Ne nous y méprenons pas : les toilettes sont l'un des sujets les plus complexes qui soient. Quand j'ai commencé à voyager, le point qui m'intriguait souvent était la taxonomie des usagers des toilettes, ou si l'on préfère la manière dont on y sépare femmes, hommes, personnes handicapées et éventuellement d'autres encore. Curieusement, en effet, les personnes handicapées sont presque toujours distinguées des autres, puisque, en matière de toilettes publiques, l'accessibilité totale n'est presque jamais de mise, je veux dire que presque jamais on n'a des cabines qui soient également accessibles aux personnes valides et handicapées.

En France, généralement, on dispose d'une cabine (ou d'un espace) pour femme, d'une cabine pour homme et d'une troisième cabine un peu étrange qui est donc réservée aux personnes handicapées, lesquelles, dans cette conception, représentent une sorte de « troisième sexe ». Il s'agit là probablement de l'héritage un peu bancal des mises en accessibilité quelque peu sauvages, où il a fallu rendre à la hâte accessibles des lieux qui de par leur conception ne l'étaient pas. Il y a lieu d'attribuer une mention spéciale à la version je dirais « féministe » des toilettes du troisième sexe, où l'espace handicap est pris sur l'espace des toilettes pour hommes, vu que le critère d'égalité entre femmes et hommes dans cette approche-là n'est plus l'égale superficie des cabines hommes ou des cabines femmes, mais l'égal temps d'attente.

À l'inverse, la situation la plus fréquente des toilettes publiques en zone anglophone (et en Israël, par exemple à l'aéroport, c'est là que j'avais observé pour la première fois je crois le système) est la solution à quatre options, avec la séparation entre hommes et femmes, suivie de la subdivision dans chacun des deux cas entre valides et non-valides.

Il y a toutefois des subdivisions encore plus étranges. Dans les écoles, notamment en France, on observe une subdivision classique entre toilettes pour élèves et toilettes pour profs : cela reflète une conception plus profonde quant aux hiérarchies humaines. Ainsi, cette subdivision hiérarchique sera bien plus rare dans les établissements américains, notamment universitaires. En Asie, on observe une autre séparation fort intéressante entre les cabines équipées d'une toilette européenne, et les cabines qui ont des toilettes pour les Asiatiques (dites « à la turque » en France, alors qu'elles ne sont, bien entendu, pas d'origine turque). Et cela est indiqué par un pictogramme dès l'entrée des différentes toilettes.

Les toilettes sont en quelque sorte la preuve par l'absurde de la fragilité de notre système de compartimentage de l'être humain. L'un des grands noms du journalisme belge, Jean Kestergat, intellectuel d'avant-garde et infatigable défenseur de l'Afrique, grand voyageur devant l'Éternel, avait rapporté un dialogue où son interlocuteur s'étonnait que l'on sépare hommes et femmes alors même qu'on ne sépare pas Noirs et Blancs. Et de s'interroger sur le sens de l'histoire à partir du cas des toilettes.

Il n'y a nulle exagération là-dessous. Maintes associations féministes, notamment en Europe du Nord, portent le combat pour la suppression des urinoirs pour hommes. Elles ont d'ailleurs été entendues en divers lieux, comme dans les bâtiments rénovés de la Mairie de Paris. Le plus curieux est que, dans certains pays lointains, où l'influence du féminisme passe pour presque inexistante, on ne trouve pas d'urinoirs. C'est le cas de l'Iran ou de l'Ouzbékistan. Tout simplement parce que les urinoirs y sont perçus comme vulgaires ou indécents. Bref, le sens de l'Histoire est plus compliqué qu'on ne le dit.

Onzième voyage

Si j'étais artiste, je dirais comme Paul McCartney que c'est aux toilettes que l'on compose ses plus belles chansons. N'étant qu'autiste, une lettre de différence seulement, c'est là que je médite sur l'étymologie et la polysémie de tout le vocabulaire spécialisé qui au cours des âges a eu toutes sortes de significations. Ainsi que sur le mélange de peur de l'autre et de dissimulation qui semble tellement ancré dans l'être humain, quelle que soit sa culture.

Douzième voyage

Où l'on échappe à la première classe des avions

29 novembre 2014

Voyager en avion ne va pas de soi. Wilbur Wright, l'un des frères Wright codécouvreurs de l'avion avec d'autres bricoleurs et inventeurs, avait bien dit qu'on pouvait voler sans moteur, mais non pas sans connaissances. Si l'âge héroïque de l'aviation est sans doute, hélas, fini, pour les gens comme moi avec autisme tout voyage en avion reste un défi. Pour plus de confort et plus d'économies, il suffit de suivre le guide.

En premier lieu, il me faut avouer que le pire moment du vol est pour moi, et de loin, celui où l'hôtesse ou le steward me demande ce que je souhaite manger et boire. Tout se ligue alors contre moi. Premièrement, j'ai par nature du mal à faire des choix : entre thé et café, le choix n'est pas aisé. De plus, je ne connais pas la gamme des possibles, en d'autres termes de ce que je peux demander, et qui dépend de chaque compagnie aérienne – la pratique peut aider à lever ce blocage-là, dû au fait que je n'ose pas embêter plus encore le personnel en leur demandant de détailler la liste. L'autre problème est ma voix : je sais qu'elle est bizarre, et ai de ce fait peur de surprendre mes voisins en la faisant retentir, et ce d'autant plus que, étant assis presque toujours côté hublot, je me dois de parler plus fort pour que le steward ou l'hôtesse m'entende. En somme, il s'agit d'un mauvais moment à passer. La solution est pourtant fort simple : prenez le low cost, et vous serez tranquille. Là, point d'hôtesse ou de steward pour vous importuner.

À cet égard, je me dois de partager avec vous la forte angoisse que j'ai ressentie en apprenant le décès tragique de Christophe de Margerie, feu patron de Total. Bien entendu, cette angoisse est due au caractère tragique de son trépas ; toutefois, il y a plus : ce que j'ai trouvé le plus intimidant dans l'accident est que l'ancien P.-D.G. ait été dans la cabine seul avec une hôtesse, rien que pour lui. Vous imaginez le supplice pendant toutes ces heures de voyage, à guetter avec terreur ses réactions, et tenter de deviner l'heure de son passage avec boissons et nourriture !

Voyager en première classe, à cet égard, ne fait pas rêver. Il y a là peut-être une hôtesse ou un steward pour cinq à dix passagers. De quoi être très angoissé et attendre impatiemment l'arrivée. C'est d'ailleurs pour cela que je suis si réticent à prendre des cartes de fidélité aérienne : si jamais on voulait m'« upgrader » en classe supérieure, que ferais-je ?

En termes de confort, je dois attribuer une mention spéciale « confort » à certaines compagnies ultra-low cost d'Europe orientale par exemple, qui n'ont pas les moyens financiers d'acquérir des avions nouveaux ou de rénover les cabines, et disposent par conséquent de sièges plus anciens, en d'autres termes plus larges et ayant plus d'espace pour les jambes.

Une deuxième piste, à côté de celle du low cost européen, pourrait être de tester les compagnies de pays où l'on n'a pas, culturellement, l'habitude du choix. Dans les pays ex-soviétiques, par exemple, on vous nourrira correctement à bord, mais avec un menu unique. Bingo, vous n'aurez rien à dire ou presque à l'hôtesse.

Troisièmement, il peut être utile d'être assis à l'arrière. Ainsi, dans les compagnies où le choix de menu est binaire, votre tour viendra en fin de service et vous aurez plus de chances de recevoir d'office l'un des plats sans devoir vous exprimer. Et de surcroît vous aurez à l'arrière plus de chances de survie en cas d'accident. Sans même évoquer les modèles d'avion où tout au fond il n'y a plus que deux sièges côte à côte (et non trois). Vous voyagerez de manière plus confortable. Bref, on en revient à cette fameuse phrase biblique : « Les premiers seront les derniers » et vice versa. Je crois que dans les voyages aériens, il y a parfois un peu de cela.

Treizième voyage

Où l'on apprend à vieillir sans broncher

6 décembre 2014

En ce jour, je suis devenu vieux. Le problème ou la source d'appréhension n'est pas tant, en soi, de vieillir, mais un très vieux contentieux que j'ai avec les dates d'anniversaire. Figurez-vous que je suis né à Charenton. Le terme « Charenton » était, dans la littérature française du XIXe siècle, synonyme de l'asile psychiatrique par excellence, à l'instar de ce qui est aujourd'hui Sainte-Anne. Pire encore : je suis né le même jour et la même année que Britney Spears. Un très lourd héritage. Mes parents ont d'ailleurs décidé de ne plus avoir d'enfants après moi.

Très vite s'est posé le problème des commémorations. Comment fêter un si triste événement ? Quels cadeaux offrir ? Que manger ? Durant mes premières années, le dilemme était estompé par le fait que mes parents ne fêtaient que symboliquement les anniversaires, et personne, pas même Britney Spears, ne m'invitait. Bref, j'étais comme, paraît-il, Chirac : je n'aimais pas les anniversaires. Et me sentais quelque peu coupable de ne pas le faire.

Pourtant, comme dirait l'autre, j'ai changé. Ou plutôt ce sont les voyages qui ont complètement changé ma vision des choses. Premier motif de réjouissance : j'ai appris que dans certains pays, le calcul des anniversaires était fait autrement. En Chine, par exemple, on a un an à la naissance (et non pas zéro), et l'on fête son anniversaire plutôt au nouvel an (chinois, évidemment). Autant de fêtes en moins. Au Japon, on ne fête que certains anniversaires, typiquement le vingtième, le soixantième, puis tous ceux à partir de soixante-dix ans. L'heureux pays, où j'aurais encore une marge d'attente.

La question corollaire à celle des anniversaires est celle des calendriers, dont les premiers dépendent. Leur complexité et diversité font au demeurant leur charme auprès de nos amis autistes. Une fois, j'avais eu une discussion avec une amie israélienne, qui était née un 29 février, date ô combien problématique. D'une part, elle ne fêtait pas souvent son anniversaire ; d'autre part, elle ne savait pas si elle devait fêter son anniversaire selon le calendrier juif ou selon le calendrier occidental. En Iran, on peut être encore plus perdu : on y utilise trois calendriers en parallèle, à savoir le calendrier persan solaire, le calendrier arabe lunaire et le calendrier occidental solaire. Inutile de préciser les malentendus pour fêter les anniversaires.

Ces bizarreries calendaires firent même l'objet d'un opéra anglais, *The Pirates of Penzance*, du nom d'une ville en Angleterre longtemps réputée justement pour ses pirates, et laquelle pièce jouait sur la perplexité d'un jeune homme qui s'était imprudemment engagé au service des pirates jusqu'à son vingt et unième anniversaire. Il n'avait pas compris que son vingt et unième anniversaire ne serait pas pour de suite, puisqu'il était né un 29 février. N'évoquons pas même le cas, particulièrement tordu, des 30 février : oui, il y eut par le passé plusieurs 30 février sur notre calendrier occidental, par exemple en Suède ou en URSS au moment du passage du calendrier julien au calendrier grégorien. Certains ne doivent pas du tout fêter leur anniversaire – et rencontrent sans doute quelques difficultés pour passer les frontières avec leur passeport du fait de leur date de naissance atypique.

Peu à peu, toutefois, je me suis réconcilié avec les anniversaires. Je me souviens avec émotion des heures que j'ai passées à regarder les festivités traditionnelles d'Ashoura, une grande fête religieuse chiite qui est un anniversaire aussi. Ou les cérémonies du Mawlid, à savoir l'anniversaire de la naissance de Mahomet, où les confréries soufies déploient tous leurs charmes et leurs compétences mystiques vers l'extase. En fin de compte, les anniversaires peuvent créer des liens entre les êtres humains. Je garderai longtemps en mémoire cet ayatollah iranien qui m'avait très chaleureusement souhaité un joyeux Noël, anniversaire de Jésus selon le calendrier occidental. Il y a dans peut-être toutes les religions des branches extrémistes qui refusent de fêter les anniversaires et des branches un peu plus humaines où, à côté des dogmes, l'humain reste présent. L'humain avec ses fragilités, qu'exposent parfaitement les anniversaires. Bref, parole d'autiste repenti, bon anniversaire à toutes et à tous.

Quatorzième voyage

Où l'on prend le train du désert

13 décembre 2014

Nous le savons, l'humanité se divise entre ceux qui ont un chien à la maison et ceux qui n'en ont pas. Dans le petit monde de l'autisme, on pourrait presque dire qu'il y a les passionnés de trains et les passionnés d'avions. Quant à moi, depuis quelques années, je suis devenu fan de l'avion et des aéroports bizarres ; pour autant, c'est bien le train qui a beaucoup marqué mon enfance.

Parmi les grands souvenirs que je n'oublierai sans doute jamais figure cet hiver de l'an 1988 quand, bambin haut comme trois pommes mais déjà passionné de choses étranges, je fis avec mes parents et ma sœur un voyage vers le Grand Nord, en Suède, le tout en train depuis Paris. Mes parents ne pouvaient y aller en avion, car un tel trajet comportait le risque que l'avion ait à se poser en urgence par exemple à Leningrad, ce qui aurait été synonyme d'arrêt de mort pour la famille – mes parents étant des réfugiés politiques, fuyant précisément le bloc de l'Est qui, à l'époque, était encore en place.

Je me souviendrai toujours de ce matin glacial, dans la neige et bien sûr la nuit polaire, où nous attendions le train à une halte près de Falun, une ville de Suède. Le monstre finit par arriver dans un grondement de tonnerre, couvert de glace, chasse-neige géant et trois locomotives surdimensionnées successives à l'avant pour se frayer un chemin.

Avec le passage du temps, j'ai changé de camp : je suis passé au désert. Une vingtaine d'années après l'épisode du train suédois, j'ai redécouvert d'autres trains tout aussi surprenants. Par exemple celui qui va de Haïfa en Israël, où j'étais étudiant, jusqu'à Beer-Sheva tout au sud de la ligne. Lorsque le train quitte la zone côtière de Tel-Aviv où pousse encore une certaine végétation, il entre dans le désert jusqu'à son terminus Beer-Sheva, la porte des grands déserts de la péninsule Arabique. Il me souvient d'avoir observé, depuis le train, avec des yeux ronds, une petite tempête de sable qui tourbillonnait non loin.

Il a fallu attendre 2011 pour que je découvre les grands déserts d'Asie, notamment ceux de l'Iran et le désert de Kavir, et surtout, plus lointain et plus grand, le désert de Lout, si terrible que, contrairement au Sahara, aucune population ne s'y est durablement établie. Un jour, accompagné d'un camarade de classe turc et d'un autre Turc rencontré par hasard, je me suis retrouvé dans un train depuis Téhéran vers l'est, vers l'Afghanistan. Les heures passent, les montagnes brûlées par le soleil défilent dans un paysage minéral. J'ai toujours été hypnotisé par ce spectacle. J'ai pu discuter avec des Iraniens présents dans le train, tous fort surpris de rencontrer un Occidental, parfois pour la première fois de leur vie.

Il y eut aussi les heures que j'ai passées dans un paysage encore plus sauvage à regarder la ligne de train, la voie unique qui maintenant relie Téhéran au Pakistan et qui passe par les zones tribales entre ces deux pays. Imaginez donc un paysage entièrement minéral, sans le moindre élément végétal, à des centaines de kilomètres de l'endroit habité le plus proche. Et là court une espèce de petite voie mince, métallique, un fil d'Ariane qui unit des mondes si éloignés.

Comment conclure sans évoquer les trains d'Afrique ? Je suis un grand admirateur et amateur de l'Éthiopie. Ce pays compte une ligne mythique et historique, qui s'étend de Djibouti à Addis-Abäba, la capitale éthiopienne, littéralement la « nouvelle rose ». Ce chemin de fer a été construit par la France ; le français reste au demeurant jusqu'à aujourd'hui la langue officielle des chemins de fer éthiopiens. Souvent, les cheminots locaux parlent un excellent français. Hélas, de nos jours, la voie est coupée, faute d'entretien des ponts et des rails, notamment durant les décennies troublées des guerres intestines et du régime militaire. On ne peut désormais plus faire ce trajet en entier, simplement quelques bouts du chemin pour le plaisir. Il est extraordinaire de voir les montagnes éthiopiennes avec la petite voie étroite qui y court à travers les collines. Bref, si le fil qui unissait la mer Rouge à l'Éthiopie a été rompu, tout ce que j'espère est qu'il soit reconstruit ; en vérité, quelle est la vocation du chemin de fer, sinon d'unir les hommes ?

Quinzième voyage
Où l'on fête Noël

20 décembre 2014

Quoi de plus naturel que de souhaiter un « joyeux Noël » ? Depuis notre enfance, nous connaissons bien cette fête, en avons fait le tour, et son seul mystère tient en ce qui se cache sous le papier-cadeau. Eh bien non. Noël m'a toujours beaucoup inquiété. Déjà, durant ma tendre enfance, je jugeais inadmissible que l'on ne respecte pas les horaires des repas et du coucher. Que l'on dissimule des choses, qu'on se mente : « Non, chéri, je ne suis pas allée acheter des cadeaux pour toi, simplement visiter une amie. » Et que les gens feignent la joie quand ils découvrent des cadeaux qui ne leur plaisent pas du tout – et pour cause, les cadeaux des non-autistes étant le plus souvent d'une sotte futilité. Un ami réalisateur hollandais a d'ailleurs fait un film sur un autiste qui offre des cactus pour les anniversaires ou pour Noël. Tout cela était trop compliqué pour moi. Peu à peu, une idée diabolique m'est venue : sauter Noël en partant à ce moment-là de l'année dans des pays où Noël n'a pas cours. Et de fait, depuis quelques années, je passe Noël en voyage.

Pour autant, échapper à Noël n'est pas aussi simple que cela. Je me sens un peu comme le vieil avare Ebenezer Scrooge de la nouvelle de Charles Dickens, *A Christmas Carol*, qui finit toujours par être rattrapé par Noël. Certes, le phénomène possède une raison assez évidente, à savoir l'occidentalisation : on retrouve désormais des traditions occidentales un peu partout à travers le monde. Par exemple, la Chine connaît un déluge de produits, de cadeaux, de petites lumières. D'ailleurs les accessoires de Noël sont souvent fabriqués en Chine. Noël s'y est donc implanté sous une version quelque peu adaptée : le Père Noël en chinois devient le « vieil homme de la sainte naissance », *shèngdànlǎorén*, il n'a pas de rennes mais est accompagné de jeunes filles, etc.

Le Noël chinois reste, quoi qu'il arrive, une copie récente du Noël occidental. Ailleurs, la situation est bien différente. Par exemple en

Iran ou dans plusieurs coins d'Asie centrale, on fête un autre Noël, qui vient du fond des âges et qui est le Noël européen mais sans le petit Jésus qui s'est rajouté plus tard en Europe. En persan, on parle de *shab-e-yaldâ*, littéralement le « soir de la naissance », qui se fête quelques jours avant le Noël occidental, c'est-à-dire au solstice d'hiver, le jour le plus court de l'année. En Europe, jadis, la même tradition prévalait (ce qui n'est guère surprenant, l'Iran étant culturellement et linguistiquement indo-européen) ; ce n'est qu'au cours des changements de calendrier que la fête a été décalée. Plusieurs fois, il m'a été donné de fêter ce Noël très particulier en Iran. Une première fois, en invité d'un ami étudiant à la fac ; ensuite, l'année suivante, eut lieu la fois qui m'a sans doute le plus marqué, un Noël iranien avec le docteur Jalali, grand monsieur, éminent spécialiste de langue persane et ancien président de l'assemblée générale de l'Unesco.

L'un des éléments incontournables de l'exercice est la divination sur Hafez, un des très grands poètes de la Perse, que tous les Iraniens chérissent. La divination consiste à prendre le volume des œuvres complètes de Hafez de Shiraz, et, après une brève invocation à Hafez, maître des devins, on ouvre le livre au hasard, parfois à l'aide d'un couteau. Alors, sur la page de droite on voit l'avenir de la personne et sur la page de gauche figure la vérification. Tout le monde le fait, même dans la rue. Le mieux est de le faire avec une personne qui sait lire ces versets parfois un peu cryptiques, et qui de mieux pour cette tâche que le docteur Jalali ?

Ce Noël s'accompagne aussi de mille et un rituels : il faut avoir des fruits rouges à la maison parce que le rouge symbolise le feu, car en cette nuit la plus longue de l'année, le soleil à la ténèbre livre son plus redoutable combat. En vérité, une fête qui remonte au fond des âges et détricote nos certitudes. Comme le disait Roumi, prince des sages de son titre et maître ultime du soufisme : « Ce n'est que quand tu t'écartes du chemin que le chemin apparaît. »

Seizième voyage

Où l'on mange beaucoup

27 décembre 2014

Si chaque société s'appuie sur une façon de manger différente, il s'agit là d'une pratique dont, du fait de notre mortelle condition, nous ne pouvons que difficilement faire l'économie. Ce qui est extraordinaire vu de la perspective d'un anthropologue autiste en herbe, c'est que les gens pensent que leur manière de manger est la seule possible. Par exemple que s'asseoir derrière une table avec des chaises et des assiettes est la manière de procéder la plus naturelle ou la seule envisageable, alors même que l'inverse est vrai.

Il m'a été donné d'en faire une cruelle car par trop directe expérience. Ainsi, l'hiver dernier, j'étais chez mon ami Mostafa, au Balouchestan, non loin du point où se rencontrent Afghanistan, Pakistan et Iran. Mostafa, dont il a déjà été question ci-dessus, celui qui n'est pas très féministe, si j'ose le dire par un euphémisme. Mon ami a voulu me préparer un repas traditionnel baloutche, servi comme il se doit par terre, sur une nappe brodée. Pendant le repas, qui a duré longtemps parce qu'on bavardait, je me tortillais de diverses manières, n'étant pas habitué à être assis par terre pendant très longtemps. Mon hôte continuait la conversation comme si de rien n'était – quant à moi, j'étais rassuré qu'il ne me fasse pas de reproches. Au bout d'un long moment, il sortit son appareil photo et me dit qu'il comptait me photographier. À ma question sur les motifs de son entreprise, il éclata de rire : ma posture corporelle était la plus drôle qu'il ait jamais vue. Que chaque enfant savait, dès sa première année de vie, qu'il ne fallait pas se tenir comme je le faisais. La claque. Me disant qu'il fallait être brave, le ridicule ne tuant pas, je laissai mon ami me photographier, lui enjoignant seulement de garder pour lui ces photos, de ne pas les envoyer à sa sœur Atefeh. Avec un sourire diabolique il m'avoua : « C'est justement ce que je m'apprêtais à faire. » Bref, je ne deviendrai jamais un Baloutche.

Tout cela est fort sérieux. Marcel Mauss, l'un des pères des sciences sociales, avait même consacré un savant traité, *Les Techniques du corps*, à ces postures. Pour ma part, je me contente d'observer et de classer les mangeurs selon leurs ustensiles, leur usage de la table, de la nappe, du tapis, etc. Avec une première grande distinction entre usagers d'une assiette privative et ceux qui partagent leur assiette. Les expressions résument parfaitement l'état d'esprit : en Europe, n'appelle-t-on pas le méchant le pique-assiette ? L'assiette est hautement individuelle, intangible. On ne la partage pas. Un individualisme qu'en Afrique ou en Asie on ne comprendrait pas. En Éthiopie, les convives mangent ensemble, autour d'une grande assiette posée au milieu de la table. Ils sont dans la logique du « co-pain », et non pas du pique-assiette. Un autre univers.

Un jour, quelqu'un m'avait demandé par email comment traduire en amharique (éthiopien) la fameuse expression que l'on trouve partout en Amérique : le *no trespassing*, « interdiction d'entrer », avec différentes menaces associées. J'avais répondu que vouloir traduire cette phrase était idiot : en Éthiopie, les gens souhaitent que vous entriez chez eux, partager avec vous des moments, pour manger, pour discuter. On videra pour vous le garde-manger si vous entrez sur la pelouse de quelqu'un. Le fondement du progrès humain n'est-il pas d'être bien accueilli ? C'est par la nourriture que l'on devient humain, après tout. Et, accessoirement, parfois un peu gros – cas de l'auteur de ces lignes.

Dix-septième voyage

Où l'on franchit les portes d'une bibliothèque

3 janvier 2015

À vrai dire, dès mon enfance, mon véritable grand voyage ne se déroulait pas sur la carte du monde, mais bel et bien dans les bibliothèques. D'abord entre les nombreux livres de mes parents, puis au sein des bibliothèques municipales. Je lisais les livres les uns après les autres dans l'ordre de l'étagère. Encore maintenant, je crois voir devant moi certaines pages de livres feuilletés dans mon enfance, et mon amour du Caucase par exemple vient d'une photo vue dans un livre en particulier quand j'étais enfant. Je ne me souviens hélas pas de son titre, comme trop souvent d'ailleurs ; en revanche, sa couverture, son poids et surtout son odeur sont restés gravés en ma mémoire. Je reconnaissais les livres à leur odeur, non pas au nom de leur auteur ou à celui de l'éditeur, que dans la plupart des cas je ne lisais qu'à peine.

Au fur et à mesure que mon autonomie croissait, le nombre et la qualité des bibliothèques que je pouvais visiter augmentait dans la même proportion. J'y ai fait de singulières rencontres. À titre personnel, je préfère les bibliothèques quasi vides, le soir, si possible la veille d'un jour de fête. Par exemple, dès que je sus que les samedis soir ou la veille de je ne sais quelle festivité les gens non-autistes avaient coutume de se retrouver dans des lieux bruyants, j'en profitais pour me rendre au même moment dans des bibliothèques. Je dus à ces soirées mes meilleurs souvenirs : c'est alors que l'on rencontre dans les salles de lecture les véritables passionnés. Ils sont peu nombreux, parfaitement silencieux. Parfois, on ne les voit même pas, cachés sous une épaisse muraille de volumes *in-octavo* sur la cladistique des coccolithophoridés – pour les non-spécialistes de cette noble discipline, il s'agit de la taxonomie de ces espèces de plancton, ou pour faire l'autiste un instant, en grec ancien *clados* désigne la « branche ». L'embranchement, donc, si à ce terme va votre préférence, de la classification des espèces animales.

Certains auteurs furent d'illustres connaisseurs des bibliothèques, à l'instar d'Umberto

Eco. Sa grande étude sur les bibliothèques, *De Bibliotheca*, mérite d'être citée : « J'ai fait une brève inspection dans les seules bibliothèques où j'avais accès parce qu'elles sont ouvertes même la nuit [oh, un nocturne comme moi ? bienvenue au club des autistes noctambules], celle d'Assourbanipal à Ninive, celle de Polycrate à Samos, celle de Pisistrate à Athènes, celle d'Alexandrie [etc., etc.]. » Autant de bibliothèques mythiques qui ne sont plus de ce monde et dont seuls les passionnés de livres gardent la clef.

L'autre grand nom pourrait être celui de Borges, l'immortel auteur de *La Bibliothèque de Babel*, une bibliothèque qu'il a imaginée et qui est à l'image de l'univers. Car en effet telle est la nature profonde de la bibliothèque : elle est le reflet de l'univers culturel dans lequel elle s'inscrit. Ainsi distingue-t-on la bibliothèque à l'américaine de celles dites à l'européenne ou à l'italienne : dans la première, tous les livres sont en accès direct, le lecteur devenant une sorte d'explorateur livré à lui-même qui rêve et passe des heures d'errance créative dans des rayons de livres bizarres, dans des magasins, etc. Dans la seconde, il faut solliciter tel ou tel livre ; les livres sont protégés des lecteurs. On ne peut plus rêver parce que tout se passe sur commande alors que le rêve repose précisément sur la découverte inattendue, le fait de rencontrer tel ou tel ouvrage que l'on n'envisageait pas de lire ou ne connaissait pas encore. C'est seulement en faisant de l'exploration urbaine ou bibliothécaire que l'on peut tendre vers d'autres niveaux d'humanité.

Je conserve ainsi des souvenirs bénits, des moments de grâce, que ce soit de mon année où j'étais étudiant en Allemagne, où je me réfugiais au fond de la bibliothèque universitaire de Mannheim sise dans un vieux château, dans laquelle je trouvais le silence et pouvais bouquiner sur des sujets assez étonnants. Ou quand j'étais, bien plus tard, étudiant en Israël, mes pas me menaient tout au fond de la bibliothèque universitaire de Haïfa. J'y eus de bien plus fortes sensations que, assailli de la foule des pèlerins, dans tous les sanctuaires de Jérusalem. Et c'est dans certains rayonnages particulièrement reculés… que je me suis retrouvé nez à nez avec un de mes anciens professeurs de France, soit à des milliers de kilomètres, qui visiblement était travaillé par les mêmes problématiques. Connaissez-vous donc un meilleur moyen de transport que la bibliothèque ?

Dix-huitième voyage

Où l'on émigre dans un pays européen disparu

10 janvier 2015

Si j'ai toujours été fasciné par le passé, au fur et à mesure que je prends de l'âge, ces questions deviennent de plus en plus présentes et donnent toujours davantage à réfléchir. Ainsi, le soixantième anniversaire d'Europe 1 peut, à la réflexion, nous en dire long sur nous-mêmes, sur la drôle d'histoire que nous écrivons tout au long de notre vie. Voici en effet soixante ans déjà qu'Europe 1 existe, puisque c'était le 1er janvier 1955 que notre radio préférée avait émis pour la première fois, sous le nom « Europe n° 1 ».

Pour comprendre la suite, il faut remonter au contexte de 1955. À l'époque, les radios étaient sous la tutelle du gouvernement. Nombre de sujets étaient censurés, à l'image de la torture en Algérie, dans l'évocation de laquelle Europe 1 eut un rôle pionnier. De ce fait, plusieurs journalistes à l'esprit indépendant ont créé des radios émettant depuis des pays voisins de la France, et ce afin de contourner le carcan réglementaire trop contraignant. Parmi ces pays, on peut bien sûr citer le Luxembourg et Monaco, qui ont tous deux donné leur nom à des radios bien connues. Ce serait toutefois oublier un pays disparu depuis lors, à savoir la Sarre. En 1955, la Sarre était indépendante, ni française, ni allemande. Ainsi, en guise d'exemple, dans les compétitions sportives une équipe de la Sarre jouait contre l'Allemagne ou contre la France. Ce pays disparu a donc accueilli l'émetteur d'Europe 1.

L'histoire de la Sarre rejoint nombre de mes réflexions de voyage. Pourquoi faudrait-il que la terre appartienne systématiquement à l'un ou l'autre des États ? Pourquoi ne pas envisager des identités complexes, au-delà d'une étiquette ou d'une appartenance uniques ? Du temps de mes études en Allemagne, j'avais ainsi cherché des zones de métissage entre France et Allemagne. Il en subsiste peu, hélas, de nos jours, quelques endroits en Alsace, et bien sûr la Sarre. La Sarre que je n'oublierai pas car lors de mes années sous camisole chimique, le seul voyage que j'aie fait m'y avait conduit : mes parents et un de leurs amis m'avaient emmené en voiture précisément en Sarre. Je n'étais pas très lucide, mais je crois que c'est en contemplant l'un des méandres de la rivière Sarre que j'ai commencé à remonter la pente de ces temps noirs.

Parmi les autres lieux internationaux figurent bien entendu les grands aéroports, qui comptent généralement une zone internationale échappant au régime douanier de tel ou tel État. Pour la plupart des Occidentaux, cet espace sera sans doute la seule fois de leur vie où ils feront l'expérience d'être dans un lieu échappant aux réglementations étatiques habituelles. Pour moi, les zones internationales sont une curiosité comme une autre, une destination à titre plein. Je me distrais un peu à l'instar de ces enfants, que parfois on observe aux zones frontalières, s'amusant à franchir la ligne magique de démarcation vingt ou cinquante fois.

D'aucuns ont, d'ailleurs, profité du phénomène pour attirer l'attention sur eux. La petite commune italienne de Seborga s'est ainsi érigée en principauté. Le lieu-dit oublié devint alors un pôle touristique majeur, sous le nom de principauté de Seborga. À tel titre que, à présent, l'État italien lui-même y trouve son compte.

Mieux encore, certains espaces du monde n'appartiennent toujours à aucun État. Avec chaque fois une histoire particulière à la clef qui explique comment ils ont échappé aux convoitises. À l'instar de ce bout de désert entre l'Égypte et le Soudan dont personne ne veut, véritable métaphore de la personne handicapée, si j'ose dire. Ou de quelques méandres de rivières, trop reculés et trop petits pour les rapaces. Hélas, ces lieux sont de moins en moins nombreux. Les plus malins ont découvert des failles dans la législation internationale pour s'établir, par exemple en mer, étant donné que le droit international ne reconnaît que les îles habitables comme supports de souveraineté, une définition restrictive qui écarte par exemple les plates-formes pétrolières abandonnées en haute mer. C'est précisément ainsi qu'est née la juridiquement indéboulonnable principauté du Sealand. Total ne pourrait-il pas céder une vieille plate-forme pétrolière pour constituer l'Autistan, ce pays des gens bizarres ?

De nos jours, combien tout cela paraît irréaliste et lointain. Pourtant, quelques décennies en arrière, en 1948, la création d'un passeport mondial et d'une fusion des États paraissait à portée de main d'un Garry Davis et de tant d'autres, groupés dans le mouvement des « citoyens du monde ».

Dix-neuvième voyage

Où l'on prend le petit déjeuner

17 janvier 2015

L'une des choses étonnantes propres à la langue française, mais que l'on ne découvre sans doute que lorsque l'on apprend d'autres langues, est l'absence de formule de salutation spécifiquement dédiée au matin : « bon matin » ne se dit pas, ou ne se dit plus, en français, alors même que c'est l'équivalent de cette tournure que l'on entend généralement dans quasiment toutes les langues dont je dresse mentalement la liste. Pourtant, et toutes les grands-mères nous le confirmeront, quel moment est plus important que le matin ? Le Bouddha avait, lui aussi, longuement développé les bienfaits du matin pour la méditation.

Pour ma part, être glouton et centré sur l'estomac, le matin est avant tout synonyme de nourriture. Heureusement que je ne suis pas le seul à défendre cet avis : Hippocrate, le père de la médecine, en son temps déjà mettait en garde ceux qui omettaient le petit déjeuner. À Rome, le matin, on mangeait du pain sec, réputé excellent pour éclaircir et fortifier la voix – voilà qui mériterait une expérimentation à la radio.

C'est toutefois en voyage seulement que j'ai pleinement goûté aux petits déjeuners et redécouvert ce qu'ils voulaient dire. Certains comptent parmi les moments marquants de la vie, parmi ces grands moments de découverte du monde où l'on se sent perdu – un sentiment positif en fin de compte, car il traduit le fait que l'on progresse. Je me souviendrai ainsi de la toute première fois que je pris le petit déjeuner en Chine : la table était couverte de produits bizarres, tels que le melon amer, que l'on met en bouche croyant avoir affaire à quelque fruit sucré, pour déchanter de suite. De plus, les baguettes avaient échappé des mains du grand maladroit que je suis, déclenchant un fou rire chez le serveur – heureusement que je n'avais pas de voisins de table.

La première fois en Iran avait également été difficile : après un très long voyage, épuisant, le matin à tâtons, j'étais descendu dans les sous-sols de l'hôtel, où une dame m'avait donné un petit quelque chose à manger, un peu de pain et un œuf. Rétrospectivement, je me demande si j'étais bien dans le réfectoire de l'hôtel, ou si j'étais par mégarde entré chez une inconnue qui avait offert à manger à l'étranger perdu que j'étais. Parfois, c'est plus perturbant encore, par exemple en Russie, où la vodka peut être proposée pour bien démarrer la journée. Chacun ses goûts.

On peut toutefois aller plus loin : les petits déjeuners n'ont pas qu'un aspect nutritif. Ils sont politiques. On pourrait l'illustrer par de nombreux exemples, hélas pas toujours très réjouissants. Une fois donc, j'étais à Jérusalem dans un hôtel luxueux qu'une université m'avait payé en m'invitant là-bas. J'y avais observé un spectacle curieux : des Israéliens fortunés, à une table non loin de moi, tenaient entre eux des propos peu amènes sur les Palestiniens. À ceci près qu'ils devaient bien, pour avoir du thé ou du café, appeler le serveur… palestinien qui, bien entendu, entendait ce qui se disait.

Heureusement, certaines expériences sont bien plus positives. C'était au mois de septembre 2013. Je venais de rejoindre la salle de petit déjeuner d'un hôtel à Yerevan, en Arménie. Et là, magie, je me suis retrouvé dans un univers parallèle, de type *Alice au pays des merveilles.*

Une petite moitié de la salle parlait persan. Et la seconde moitié parlait hébreu. Faisant la navette entre les deux, je pensais dormir encore, et étais distrait au point de ne savoir quoi prendre pour manger – c'est dire.

Vous l'avez compris, j'aime écouter discrètement les conversations des petits déjeuners, pour, au début de la journée, récupérer des informations précieuses sur les choses à visiter ou à faire dans une ville que je ne connais pas encore. Lors de mon premier séjour à Budapest, découvrant cette magnifique ville, j'écoutais les conversations des routards qui étaient avec moi dans la salle du petit déjeuner. C'est comme cela que j'appris l'existence du musée d'ethnologie où je me suis empressé d'aller peu après.

Vingtième voyage

Où l'on rencontre Harry Potter

24 janvier 2015

Parfois on pense que pour voyager beaucoup, on doit parcourir de nombreux kilomètres. Ce n'est pas tout à fait exact. Après tout, Jules Verne n'a jamais voyagé ; pourtant, lire Jules Verne et ses pertinentes descriptions de voyage et de mille pays étrangers, c'est faire le tour du monde. À mon sens, l'autre grande figure littéraire pouvant nous faire voyager n'est autre que Harry Potter. Harry Potter est, en vérité, comme un récit de voyage d'Autistan, ou presque. Je dois pourtant vous avouer que j'ai pendant longtemps été très sceptique ; ce n'est qu'en rencontrant des amis autistes absolument passionnés par cette saga et cet univers surprenant que ma position a évolué. Méfiant de nature face aux romans notamment contemporains, quelque peu dans l'état d'esprit de l'enfant autiste qui demande « quel intérêt à lire des choses qui sont fausses ? », j'ai dû me rendre à l'évidence : Harry Potter est un personnage étonnamment véridique.

Peut-être même s'agit-il d'une grande littérature autistique. Ce point mérite d'être précisé. D'une part, on peut observer comment dans les pays anglophones nos jeunes amis autistes récupèrent l'univers propre à Harry Potter pour parler de leurs singularités. L'histoire de Harry est fondamentalement l'histoire d'un garçon différent, qui ne fonctionne pas du tout comme les autres, mais qui pour autant, dans certaines circonstances, a dû paraître comme les autres. D'autre part, les personnes avec autisme peuvent être moins performantes sur certains points, là encore comme Harry Potter qui dans les premiers temps est nettement moins performant socialement, tout en ayant à côté d'autres compétences qui ne demandent qu'à se développer.

Pour ces raisons et d'autres, certains spécialistes tels que Tony Attwood soulignent que Madame Rowling, l'auteure de Harry Potter, est elle-même concernée par l'autisme. Si je n'ai jamais vu son diagnostic noir sur blanc, je crois pourtant que quand on observe son mode de vie et son parcours, tout concorde parfaitement. Le monde du handicap en général peut s'y retrouver, la saga ayant été écrite lors de la maladie grave de la mère de l'auteure, et la question des enfants défavorisés ou marginaux y est constamment présente. Sans même évoquer le fait que l'idée du héros magicien soit venue à l'auteure durant l'attente interminable d'un train en retard ! La SNCF contribuerait-elle, bien involontairement, de son côté, à la floraison des lettres françaises ?

Il ne faudrait toutefois pas croire que Harry Potter serait un phénomène isolé. La production littéraire naît souvent de l'éloignement, du déplacement, du décalage réel ou ressenti avec le reste de la société. Souvent, les conteurs, et on retrouve ce trait du Tibet à l'Amazonie, sont d'anciens enfants différents, ayant survécu à un événement difficile, tel qu'une maladie grave. Ils deviennent ensuite des voyageurs, allant de communauté en communauté pour raconter des récits.

L'une des rencontres qui m'ont beaucoup marqué eut ainsi lieu en Asie centrale : j'y avais rencontré des musiciens et artistes de rue qui interprétaient la grande saga fondatrice de la culture persane, à savoir le *Livre des Rois* (*Shâh Nâmeh*), comparable à l'*Iliade* et l'*Odyssée* en Grèce.

Au Caucase, dans les hautes vallées perdues, il y a souvent des colporteurs de village venant conter les histoires des temps anciens. Avec des compétences linguistiques qui surpassent parfois celles des plus orgueilleux universitaires occidentaux. Sans même parler des griots africains, parce que là c'est un tout autre univers qui s'ouvre à nous…

Comme le dirait le grand conteur héraut des lettres africaines, Amadou Bâ, lorsque dans un conte africain on montre un arbre et comment il se diversifie à partir de son tronc, on voit comment l'univers procède de l'unité. Lorsque l'on montre une fourmilière, la fourmilière est une métaphore de la solidarité entre les hommes. Quoi d'autre que le conte peut mieux bâtir cette maison commune au sens culturel du mot dont nous avons tant besoin ?

Vingt et unième voyage

Où l'on construit une maison

31 janvier 2015

Chez nous en Occident, et tout particulièrement en France, acquérir une maison est « la » grosse dépense de la vie. Un acte d'extraordinaire, qui nous exposera à l'arbitraire de nombreuses administrations, agences, banques et entreprises. Avec des sommes colossales en jeu, pour, il faut bien le reconnaître, un résultat souvent très variable. On finit par croire qu'il y a là une fatalité, un sort quasiment existentiel auquel on n'échappera pas.

Pourtant, il suffit de se déplacer, ne serait-ce qu'un peu, pour entrer dans un monde bien différent. Il y a quelques années, j'étais en Albanie, dans la voiture d'un quasi-inconnu, qui m'emmenait visiter la côte. Voyant qu'il y avait nombre de maisons inoccupées dans ce paysage méditerranéen de rêve, je demandais au conducteur quel était le prix de ces maisons – et m'attendais à une somme astronomique, similaire à celles qui prévalent sur la Côte d'Azur. Il a ri, et dit : « Il n'y a pas de prix ; si une maison vide te plaît, tu t'y installes, tu l'aménages et puis voilà. »

L'une des leçons de mes voyages tient précisément en cela : l'immobilier est une névrose bien occidentale. Ailleurs, non seulement on habite avec moins de stress, mais surtout on habite dans une maison unique au monde, puisque souvent on se la construit soi-même.

L'été dernier, un Tibétain m'a fait visiter une riante campagne entre Lhassa et Shigatsé. Avec la verdure et le soleil, on en oublierait presque que le fond de la vallée est à près de quatre mille mètres d'altitude. Intrigué par la taille et la beauté des maisons traditionnelles, je demandais à mon interlocuteur comment des gens souvent pauvres pouvaient y habiter. Il m'a répondu que construire sa maison était fort simple : il suffit de trouver un terrain qui nous plaît, et de commencer à construire. Les habitants du coin viendront alors prêter main-forte à la construction, gracieusement. Cette coopération, d'un point de vue collectif, comporte de nombreux avantages, à commencer par le fait qu'elle facilite la transmission des savoir-faire traditionnels de la construction.

Que l'on ne pense pas que le résultat, à savoir la maison, serait de mauvaise qualité. En Iran et dans certains pays voisins, on peut admirer des maisons bâties de façon artisanale, certaines vieilles de plusieurs millénaires, et toujours habitables ou habitées. Dans les déserts d'Asie centrale, on peut ainsi se retrouver face à un très lointain passé, avec le soleil brûlant et le vent du désert pour seuls compagnons de méditation sur ce que nous sommes.

Ces civilisations sont, bien entendu, différentes de la nôtre, loin de l'Occident. Tout de même, bien plus près de chez nous, je veux dire en Europe orientale, sauf peut-être dans les grandes villes, la plupart des maisons ont été construites par leurs habitants, le plus souvent avec la solidarité du village ou de la famille au sens large. Les réglementations européennes ont un peu compliqué la donne, mais il faut savoir qu'aujourd'hui en France, il est tout à fait légal de construire sa maison – au-delà d'une certaine superficie, seule la signature d'un architecte est nécessaire.

Pour ma part, devant choisir une demeure, j'hésiterais entre la tente de nomade et la bulle de calme. Mais à la rigueur peu importe. La demeure humaine est ailleurs. Hölderlin ne disait-il pas dans l'un de ses vers fameux que « les poètes seuls fondent ce qui demeure » ?

Vingt-deuxième voyage

Où l'on se soucie enfin de sa sécurité

7 février 2015

Je n'étais pas en France au moment des attentats de *Charlie Hebdo* puis à Montrouge et à la porte de Vincennes, mais en Oman, loin des lieux de l'attaque. Comme beaucoup, j'ai suivi le cœur lourd le nombre de victimes augmenter d'heure en heure. Quelle que soit la distance kilométrique, la barbarie met à rude épreuve ce qui s'oppose à elle.

Le fait d'être loin de Paris s'est avéré quelque peu déroutant, dans une tournure des événements que je n'avais pas anticipée. Dans un premier temps, comme on pouvait s'y attendre, des amis français, me sachant en terre d'islam, m'ont écrit pour me dire qu'ils avaient peur pour moi. Dans leur esprit, dans un pareil contexte, porter un passeport français pouvait s'avérer dangereux : question de logique.

Rapidement, toutefois, les messages que je recevais ont changé de nature : ce fut le tour de mes nombreux interlocuteurs des différents pays de la péninsule Arabique, qui avaient fini par avoir vent des attentats de Paris, d'aborder le sujet avec moi. Personne ne m'a fait de remarques désagréables en lien avec mon passeport français et les caricatures du Prophète. Comme avant, dire que l'on vient de France suscitait des réactions amicales de bienvenue, tantôt en arabe ou en anglais, tantôt en français. Bon à noter, plus le pays est pauvre et jugé dangereux d'un point de vue occidental, plus les mots de bienvenue sont sincères et longs, et plus il y a de chances qu'on vous les dise au moins en partie en français – eh oui, on est bien mieux accueilli au fin fond des montagnes du désert qu'en métropole, et bien mieux au Yémen qu'à Dubaï. Rien de nouveau sous le soleil, jusque-là du moins.

Là où les choses sont devenues plus cocasses, ce fut lorsque certains de mes interlocuteurs ont marqué une longue pause après les salutations, cherchant leurs mots pour évoquer les événements de Paris. Une fois ou deux, au début, j'étais inquiet, ne sachant pas où ils voulaient en venir. Puis j'ai compris : mes hôtes voulaient à la fois exprimer leurs condoléances pour les morts, mais aussi me dire leurs soucis pour moi. Ma vie ou celle de ma famille pourrait être en danger. Et moi d'expliquer que c'était fini, que la France était redevenue calme. Situation curieuse par rapport aux clichés, quand en Oman, pays paisible entre mille, l'Européen doit subitement prouver qu'il n'est pas menacé dans son pays d'origine. Situation surréaliste quand la même scène survient au Yémen, au moment même où la presse internationale rapporte des scènes de guerre civile sur place : les gens se font des soucis… pour la sécurité des Français vivant en France.

En vérité, la notion de sécurité est ô combien relative. Psychologique. Plus une chose est près, mieux on la connaît, et plus elle paraît sûre. Telle fut la conclusion d'une longue discussion avec un habitant de Sanaa, la capitale yéménite. Après tout, si un certain nombre de victimes sur deux jours n'entame pas le caractère sûr de Paris, pourquoi Sanaa, avec un nombre de victimes comparable dans le même laps de temps, est-elle de l'avis de tous les spécialistes du monde en pleine guerre civile, un lieu épouvantable ?

Tous les professionnels de l'assurance vous le diront : les gens pensent mettre leurs bijoux et leur argent à l'abri en les gardant le plus près possible de leur lit, leur lieu le plus intime, le croyant le plus sûr. C'est justement là que viennent et cherchent en premier les voleurs. Jessica, une amie anglaise qui fut ma camarade de classe en Oman, qui a longtemps vécu au Soudan sans protection particulière, et qui maintenant vit à Mogadiscio, a conclu à sa façon : la seule fois où elle avait été agressée, ce fut… à Bruxelles.

Vingt-troisième voyage

Où l'on fait ripaille au restaurant

14 février 2015

Il n'est pas dans mes habitudes de faire de la publicité. Encore moins pour des restaurants, ne serait-ce que du fait de ma peur des restaurants, héritée de mon passé d'enfant ayant des troubles particulièrement prononcés dans le domaine de l'alimentation. Pourtant, pour une fois, il me faut vous parler d'un restaurant, que j'ai découvert il y a peu, et qui a de quoi ébranler bien des certitudes – y compris les miennes.

D'emblée, on peut demander aux voyageurs : combien seriez-vous prêts à payer pour un repas, ou accessoirement une nuit, avec vue directe sur l'un des plus beaux lagons de sable blanc au monde, une température de l'eau d'environ trente degrés et de la nourriture bio et fraîche, naturellement ?

Un tel lieu existe bel et bien, chez Abdollah. Et gratuitement. Pour bien localiser ce restaurant d'exception, il convient de se munir d'une carte du monde. En regardant attentivement, juste à côté de la pointe de la corne de l'Afrique, on apercevra l'île de Socotra, l'une des îles les plus secrètes, fermée au monde extérieur durant des millions d'années, ancienne demeure, paraît-il, d'un dragon géant, et où bon nombre d'espèces animales ou végétales sont endémiques. Tout à l'ouest de l'île, près du lieu-dit Qalansiya, il faut marcher un peu le long d'une paroi rocheuse. Au-dessus de vous, vous apercevrez alors peut-être la demeure d'Abdollah le pêcheur. De l'entrée de sa grotte, on peut contempler, quelques mètres en contrebas, le panorama fascinant de la mer et du lagon. Abdollah n'a à peu près aucun revenu financier. Aucune dépense non plus, ou presque. Son accueil toutefois surpasse celui des rois.

La communication avec Abdollah est aisée, puisqu'il parle avant tout un langage commun, celui du cœur. En outre, il a appris des bribes de diverses langues en offrant son accueil aux rares aventuriers, y compris quelques mots d'anglais et de russe. Peu importe : dès votre arrivée, Abdollah partira aussitôt pour vous à la pêche.

Calamars, raies, huîtres, moules, mille et un poissons, tout est là. Si le cœur vous en dit, vous pourrez dormir dans son hôtel mille étoiles, la pierre pour oreiller, l'herbe pour matelas et le ciel étoilé pour toit.

Bref, comme le disait un vieux monsieur omanais : je ne comprends pas pourquoi les Européens attachent une telle importance aux hôtels. Quand j'arrive quelque part, je passe la nuit dans la première maison que je vois. Pourquoi devoir payer pour dormir ?

Vingt-quatrième voyage

Où l'on acquiert un luxueux voilier

21 février 2015

En Occident, on a l'habitude de considérer le bateau privé (le yacht ? je suis ignorant en matière de terminologie de l'univers du luxe) comme le signe quasiment ultime de la richesse. On s'extasie devant la taille de tel ou tel navire, on les compare...

C'est pour cela que les bateaux privés ne m'intéressaient pas du tout. Dans mes jeunes années, désormais si lointaines, on m'avait fait visiter des ports de plaisance tels qu'Antibes, Cogolin, Monaco, etc. : j'avais été traumatisé de voir tous ces bateaux à quai, sur de longues périodes. Car, au fond, les propriétaires de bateaux ne s'en servent que fort rarement, parfois à peine un jour par an, pour effectuer un tour de quelques heures non loin de la côte, car trop s'en éloigner signifierait ne plus pouvoir être vu et admiré. Par conséquent, à quoi bon accorder tant d'importance à ce qui nous sert si peu ?

Telle était mon opinion jusqu'à ce jour de janvier 2015 où j'ai enfin, après plusieurs années de rêvasseries, mis les pieds dans la ville de Sour. Sour est une charmante et paisible petite ville du sultanat d'Oman, tout près de l'extrémité orientale de la péninsule Arabique. À ce titre, elle ne pouvait qu'avoir une vocation maritime. Sinbad, ou Sindibad, l'héroïque marin des *Mille nuits et une nuit* (le titre véritable de l'œuvre, en persan comme en arabe), serait d'ailleurs né non loin de là dans l'une des variantes du récit.

À Sour, les gens ont un sourire pour ceux qui ont un bateau « en plastique ». Il y en a peu, d'ailleurs. Les vrais bateaux, en bois, sortent des chantiers navals traditionnels. C'est là que je me suis quasiment fait embaucher, tant les ouvriers-artisans sont ravis d'échanger sur leur art, sur les différents métiers du travail du bois, depuis l'équarrissage grossier jusqu'aux mille petits bijoux de finition et autres ornements. Avec une petite initiation et une forte motivation, on peut se construire soi-même son navire en bois en quelques semaines ou mois.

Parfois, de riches clients qataris viennent et achètent le produit fini, payant des sommes à six chiffres pour un bateau de vingt ou trente mètres. Et c'est là aussi que le bât blesse : autant le chantier naval de Sour est vivant, chaleureux, autant la rade de Doha, au Qatar, où des dizaines de navires issus de Sour croupissent, est triste, désespérante en comparaison.

La moralité de l'histoire est une sagesse vieille comme le monde : l'argent ne fait pas le bonheur. On pourrait presque dire qu'il le tue parfois. Mon bateau préféré est l'humble barque usée d'un pêcheur yéménite, qui m'a emmené à l'hiver 2015 en mer, entre des vagues hautes comme cinq fois sa frêle embarcation, tout près de la corne de l'Afrique.

Un autre héros légendaire de la région, Goha, que l'on appelle en Asie centrale Mollah Nasreddin et dont j'adore les histoires, aurait pris la mer non loin de là. Dans la tempête, tétanisé au fond de la barque, il a été victime des moqueries des marins : « Toi l'homme de Dieu, ne sais-tu pas que Dieu est le plus grand [*Allahou Akbar*] ? » Et le saint homme de répondre : « Je le sais bien, mais notre barque est toute petite », aurait-il répondu. Sages paroles. Notre vie est ce qu'on en fait. Ce sera pour moi peut-être la principale leçon des chantiers navals de Sour.

Vingt-cinquième voyage

Où l'on apprend à gérer les jeunes d'aujourd'hui (bien plus compliqués que de mon temps)

28 février 2015

« Réforme », « refondation », que sais-je encore, on a épuisé à peu près tout le lexique pour ce qui est de l'école. Et force est de constater que tout cela semble bien inefficace pour impliquer les jeunes générations dans le cursus scolaire. En particulier ce que l'on appelle (accrochez-vous) le « trouble du déficit de l'attention avec ou sans hyperactivité », qui fait des ravages ; en Amérique, une médication relativement lourde est de rigueur, et dont souvent le premier des effets positifs est pour la poche de certains laboratoires pharmaceutiques.

Pour ma part, j'aurais tendance à proposer une thérapie d'un type fort différent : la thérapie par le voyage. À ce titre, j'ai observé un jour en Roumanie un spectacle fort intéressant :

un petit groupe de jeunes, à vue d'œil vers les onze ou douze ans d'âge, était de sortie dans un musée. On pourrait s'attendre à une énième visite scolaire épuisante, où les profs débordés essaient tant bien que mal d'arracher quelques secondes d'attention et de silence à la masse des jeunes distraits, en vain. Sauf que là, nos préados gardaient un silence quasiment religieux, observant le spectacle sans même qu'il soit nécessaire de les rappeler à l'ordre. Une demi-heure plus tard environ, je suis repassé pour surveiller l'évolution de la situation et, ô surprise, ils étaient toujours au même endroit, visiblement fascinés.

Où est donc ce lieu magique ? Pas forcément là où on l'attendrait. La gare principale de Bucarest s'appelle, les Parisiens s'y reconnaîtront, la « Gare du Nord », ou plutôt, en roumain, la « Gara de Nord » – car la Roumanie ayant été par le passé sans doute le plus francophile des pays du monde, tout y est à l'image de Paris, à commencer par le nom de la régie des transports de la capitale, dénommée RATB par jeu de miroir avec la RATP parisienne, tandis que le surnom de Bucarest est tout simplement « *Micul Paris* », « Petit Paris ».

Beaucoup trouvent la Gara de Nord horrible. Il est vrai qu'on ne s'y sent pas forcément à l'aise. J'adore pourtant son parfum d'antan, cette impression d'être dans une gare parisienne de jadis, à une époque que je n'ai hélas pas connue. On se croit sur le point d'y croiser, au milieu des voyageurs, en redingote, un Cioran ou un Ionesco partant en exil.

Ce parfum atteint son paroxysme si l'on marche un peu, sur le côté est des quais, là où est implanté le musée des CFR, Chemins de fer roumains – cette fois le sigle ne suit pas celui de la SNCF, car les CFR sont plus anciens, ayant été fondés en 1880. Dès l'entrée, on ne peut qu'être frappé par une chose : c'est le royaume des passionnés de train. Un vrai antre, une caverne où les règles habituelles du monde sont levées. Costumes, outils, détails, tout est amoureusement préservé, expliqué, en photos, schémas et autres maquettes. Toutes les régions de la Roumanie sont là, à travers les décennies. En clou du spectacle, une salle avec le rêve de nombreux enfants : un train électrique miniature géant, piloté par un écran spécial. J'avais eu la chance de visiter la Cité du Train, à Mulhouse. Ses collections sont grandes et riches, mais il n'y a pas cette ambiance, cette passion d'amateur au sens aimant du terme et qui fait fi des considérations de marketing ou des règles d'organisation des musées, cette ambiance qui justement avait comme hypnotisé nos jeunes visiteurs.

Ainsi, plutôt que de dépenser de fortes sommes en médicaments, tentez le voyage à la Gara de Nord avec vos enfants, petits et grands. La passion des gens excentriques, que d'aucuns qualifieraient d'autistes, est non seulement communicative, mais permet de tout découvrir, l'histoire complexe de l'Europe orientale, la physique, l'électronique. Bref, tout ce qui fait la vie. Qui a dit que la seule mission du train était de nous transporter ? À moins que l'on n'adopte le sens classique, du XVIIIe siècle, de ce dernier verbe.

Vingt-sixième voyage
Où l'on reste atterré face au malheur qui frappe

7 mars 2015

Me voici au Caire, dans la terre d'Égypte pour parler comme la Bible, étudiant dans une université locale, logé dans une résidence de qualité. Les services sont ici assez remarquables – un peu trop même. Par instants, je ne puis m'empêcher de penser une nouvelle fois à l'ancien patron de Total, feu Christophe de Margerie : l'idée qu'il ait dû endurer, durant tant de trajets en avion jusqu'à celui qui lui fut fatal, les sollicitations du personnel navigant de la première classe des avions, ou, pire encore, des jets privés, m'est fort pénible. Voyageur habitué aux bétaillères et autres conditions fort rustiques de voyage ou de vie, je croyais être à l'abri et pouvoir cheminer tranquillement.

Et c'est dans ce cadre qu'une histoire à la Margerie, certes à mon modeste et bien plus petit niveau, m'est arrivée. Il faut, avant cela, préciser un détail : ma petite passion privée est, ce n'est pas un secret, ma collection de bouteilles d'eau en plastique. Seules celles de cinquante centilitres m'intéressent. La collection s'enrichit naturellement au cours de mes voyages, entre les bouteilles en plastique épais d'Asie centrale et les étiquettes multicolores de l'Extrême-Orient. Vous voyez où je veux en venir : Le Caire, confluent des cultures, est également un confluent de bouteilles d'eau. De riches promesses que j'ai pu concrétiser, du moins en partie : dans ma chambre d'étudiant ont afflué différentes bouteilles locales et moins locales, alignées le long du mur. Chaque jour ma joie augmentait.

Or, voici qu'un jour le malheur a frappé. De retour des cours, j'ai senti d'emblée un grand vide dans ma chambre : la collection de bouteilles d'eau avait disparu. Après quelques interminables secondes de stupeur, je finis par comprendre que la femme de ménage, qui passe régulièrement, résidence étudiante de qualité oblige, a cru qu'il s'agissait là d'ordures, et a envoyé ma collection à la décharge. Moment de tristesse… j'aurais dû résider dans un lieu moins chic. Sans femme de ménage. De quoi évoquer l'histoire de ce mathématicien qui avait embauché une femme de ménage, sans se douter que celle-ci allait mettre à la poubelle tous les papiers qui traînaient par terre, et qui accessoirement contenaient les résultats de toute une vie de recherches mathématiques.

Cette collection de bouteilles me sera sans doute fatale. Le fait que mes parents protestent sans cesse n'est pas le pire. Voici : à l'hiver 2015, quand j'étais au Yémen, un beau matin je marchais dans un village montagnard, ravi de tenir entre les mains une belle bouteille. Soudain ont surgi trois enfants qui ont commencé à me suivre en courant. Paniqué, je suis allé me réfugier dans la voiture avec laquelle j'étais venu, la seule à la ronde. Les enfants ne voulaient pas me laisser partir. Ce n'est que là que j'ai compris : ils voulaient ma bouteille. Ils font du kéfir, sorte de spécialité à base de lait, dans les bouteilles en plastique. J'hésitais à donner aux enfants ce qu'ils voulaient. Finalement, plutôt que d'être kidnappé, j'ai abandonné ma bouteille. La raison a prévalu, entre la bouteille et la vie, j'ai choisi la seconde option.

Si cela peut vous rassurer, désormais j'enferme mes bouteilles dans le placard où la femme de ménage égyptienne n'a pas accès.

Vingt-septième voyage
Où l'on s'enduit de parfum

14 mars 2015

L'un des sujets que je connais le moins bien, et ce dès l'enfance, sont les parfums. Je dirais même que je suis pire que tout à cet égard. Il y a là tout simplement quelque chose qui m'échappe. Quand j'étais plus jeune, mes parents avaient essayé de me faire apprendre les joies des parfums, en m'en offrant différents types, par exemple pour mon anniversaire. Las ! ils sont restés intacts, inentamés dans leur emballage. L'idée de se projeter de l'alcool sur la peau me paraissait saugrenue. Et je détestais les parfums, bien trop violents, utilisés par certains.

Mon regard a peu à peu changé durant mes voyages. Un jour, j'avais assisté, médusé, à une présentation faite par une doctorante aux Langues O (ou Inalco, établissement qui fut durant de longues années ma fac préférée du fait du grand nombre de langues bizarres que l'on pouvait y apprendre) sur les arbres à encens du Dhofar, cette province située à cheval sur la frontière entre Oman et le Yémen. Le Dhofar est en quelque sorte un mélange d'Arabie, d'Antilles, avec un parfum de Zanzibar, l'ancienne capitale d'Oman. C'est là qu'une fois par an, en juillet-août, alors que le reste de l'Arabie étouffe sous les pires canicules, le désert soudain devient vert et fleurit. Lors de la présentation sur les arbres à encens, je me suis dit que je me devais d'y aller un jour. Le rêve finit par devenir réalité, et ce mieux encore que prévu, car j'ai pu visiter le pays de l'encens et de la myrrhe à la fois côté omanais et, ce qui est autrement plus compliqué et dangereux, côté yéménite.

Pour moi, l'encens pourrait être un parfum quasiment idéal. Un parfum autiste, peut-être ? D'une part, on le trouve non pas dans un supermarché bruyant, mais dans le silence du désert. D'autre part, il est sans alcool : on prélève la résine qui coule naturellement à certains endroits de l'arbre, on la laisse sécher et on la brûle. Enfin, il y a tout un aspect mystérieux, car il existe différentes espèces d'arbres à encens, et différentes qualités – pour le dire à gros traits, plus l'arbre est près de la mer, plus il pousse facilement et moins l'encens est de qualité ; les meilleurs encens proviennent des arbres assez loin à l'intérieur du désert, qui ont juste à peine d'eau pour subsister.

Vous allez me dire : comment se parfumer avec de l'encens ? Une tradition omanaise et yéménite consiste, à la fin du repas, à passer l'encensoir sous la *dishdasha* (robe blanche usuelle en ces lieux) de l'invité, le temps de quelques secondes. C'est surprenant, et laisse un parfum complexe, sur lequel on peut méditer à l'infini.

Le meilleur pour la fin : l'encens peut être gratuit. Chacun peut le prélever. Les plus humbles demeures peuvent ainsi vous en honorer. Plutôt que d'être un parfum égoïste que l'on achète pour soi-même afin de se valoriser aux yeux (ou plutôt aux narines) des autres, il est geste de partage, le trésor subtil même de ceux qui n'ont pour tout patrimoine qu'un grand cœur.

Vingt-huitième voyage
Où l'on cultive son jardin

21 mars 2015

Bonne année. Oui, pour des centaines de millions de gens à travers le monde, ce 21 mars est le début de l'année. Dans toute l'Asie centrale, c'est le *Nowrouz*. Un terme fait de deux mots persans juxtaposés : *now* pour « nouveau » (de la même origine que le mot français) et *rouz* pour « lumière » (en français, des mots tels que « roux » ou « rouge », avec l'idée de lumière, sont étymologiquement liés à *rouz*). Une succession de fêtes durant plusieurs jours, riches en traditions et en fleurs. Le temps aussi où les jardins résonnent plus que jamais des poésies classiques. Dans le monde occidental, le 21 mars n'est pas non plus oublié : c'est la journée internationale des forêts. Et quel jardinier chôme en cette période ? Orient ou Occident, on s'y retrouve donc.

Je dois pourtant avouer que je n'ai guère eu de prédisposition à m'intéresser aux jardins. Enfant des villes, extrêmement peu doué sur le plan manuel, mon départ dans la vie ne s'était pas fait dans cette direction, hélas. Un temps durant mon enfance, j'apprenais par cœur des noms de plantes en latin. Puis les ai oubliés, sans m'intéresser à ce qui pourrait les rassembler, à savoir le jardin.

L'électrochoc remonte à mes voyages en Iran. Une première visite au Golestan, littéralement le « lieu des roses », l'ancien palais au centre de la moderne et bruyante Téhéran, entouré d'un véritable jardin persan, m'avait fait rêver. Le coup de cœur définitif est venu lors de ma visite du modèle absolu du jardin persan, à savoir le jardin Fin (prononcer « finne »), ou « bagh-e-fin », dans la ville en soi un peu magique de Kashan, petit paradis au milieu des déserts immenses d'Asie centrale. J'y étais quasiment seul, dans le silence et sous le ciel d'un bleu immaculé qu'on ne trouve guère en Europe, à l'atmosphère trop humide.

On connaît le jardin à la française et le jardin à l'anglaise. Parfois, on évoque également certains jardins d'Asie, par exemple les jardins japonais, qui sont surtout des supports à la méditation intérieure. Le jardin persan est quelque peu oublié. Il n'est ni faussement sauvage comme l'anglais, ni domestiqué et, si j'ose dire, exhibitionniste, comme le français ; bien au contraire : il est fait pour se dissimuler. Jamais on n'en entrevoit la profondeur d'un regard. Contrairement toutefois à l'anglais, ses secrets sont raffinés. Le jardin est fondamentalement miroir de l'âme. Savez-vous à quand remonte la distinction entre jardins anglais et jardins français ? À la Réforme protestante, pardi. Un jardin en dit plus long que mille livres de philosophie – au demeurant, il y a quelques années, j'avais voulu écrire une thèse à ce sujet.

Les hasards heureux de l'existence m'ont livré, je le crois, en ce mois de mars 2015, un petit secret caché du jardin persan. En effet, j'ai passé une journée entière dans un lieu totalement ignoré de la plupart des Européens, alors même qu'il est peut-être le plus enchanteur d'Alger : le « jardin d'essai ». Imaginez plusieurs dizaines d'hectares face à la mer, où depuis deux siècles on fait des essais. On y a aménagé une allée de dragonniers (arbre n'existant qu'au Yémen et aux Canaries) et une allée de bambous géants. Un grand jardin à la française, bien sûr. Un grand jardin à l'anglaise. On voulait marier tout cela dans un gigantesque laboratoire végétal.

Aux interstices du puzzle, se tenait le jardinier inconnu qui me faisait la visite. Des heures durant, avec une infinie érudition, il naviguait dans ce miroir du monde, de ses doctrines et déceptions, âme inquiète en quête d'harmonie. Je n'ai osé lui dire qu'il était peut-être lui aussi membre du club autistique – je commence à avoir l'œil pour cela. Je finis par comprendre que le jardin persan était en quelque sorte le jardin d'Autistan : celui des gens qui ne se retrouvent ni dans le jardin français, ni dans le jardin anglais. Celui des jardiniers de la marge, en quelque sorte.

Vingt-neuvième voyage

Où l'on s'interroge sur les bizarres êtres non-autistes

28 mars 2015

Lors de la Journée des femmes (8 mars), chaque année, certains trouble-fête se demandent quand a lieu la « Journée de l'homme ». Pour ce 2 avril, Journée mondiale de l'autisme, je me propose donc, moi aussi, d'inverser quelque peu les choses, et de parler pour une fois des non-autistes. Après tout, il me semble plus que nécessaire de les aider eux aussi. À l'occasion de la Journée mondiale de l'autisme, on nous parle par exemple des difficultés des enfants autistes dans une classe de non-autistes, ou des adultes autistes dans une société dite « normale ». Abordons donc le cas de figure inverse, et ce d'autant plus que cela peut servir : l'Autistan n'étant pas un pays imaginaire, un voyageur non-autiste pourrait y être, à son tour, en situation de handicap. Autant s'y préparer.

En effet, au fil de mes voyages dans diverses parties du monde, j'ai remarqué que certaines cultures, de par la personnalité générale qu'elles valorisent, se rapprochent ou tendent vers ce que l'on dénomme parfois des traits autistiques. Le sujet a longtemps été totalement ignoré de la psychiatrie occidentale, tristement autocentrée sur la seule culture occidentale. Mes interrogations à cet égard avaient commencé à l'époque de mes premiers séjours en Extrême-Orient, plus précisément à Taiwan : j'y avais eu la nette impression, quoique je n'aie pas été en mesure de l'articuler de façon sérieuse, que nombre de femmes taiwanaises exprimaient leurs émotions exactement comme un certain nombre de femmes autistes en Europe occidentale. Les femmes sont peut-être plus représentatives ici de cette tendance, puisqu'elles sont en moyenne plus performantes dans l'expression de leurs émotions ; ainsi, dans ce cas précis, la spécificité je dirais médicale de l'autisme quant à l'expression des émotions peut se rapprocher fortement des variations culturelles naturelles.

Une deuxième expérience taiwanaise m'avait donné à réfléchir. Ayant été brièvement étudiant à l'université de Yi-Lan, j'avais pu observer son fonctionnement particulièrement strict, ses règles que l'on qualifierait de militaires en Occident et l'extrême charge de travail qui avaient fait « craquer » la quasi-totalité des Occidentaux présents. J'étais, quant à moi, à mon aise, me félicitant d'avoir trouvé un lieu où il suffisait de suivre les règles pour que tout se passe comme prévu.

Au retour en France, j'avais fait part de mes constats sous forme de plaisanterie à un ou deux amis, et pensais avoir tourné la page de ces observations peu sérieuses. À ceci près que, depuis lors, certains de mes amis autistes, y compris ceux que je pensais hors du « marché » marital, se sont mariés. Le plus souvent avec des Japonaises ou, parfois, des Chinoises. Avec qui pensez-vous que s'est marié un personnage « de chez nous » célèbre, le fondateur de Facebook ? L'union de Mark Zuckerberg avec Priscilla Chan avait, en 2012, suscité un torrent infect de messages racistes, tant cette union dérangeait certains. Il convient d'ajouter que Priscilla Chan brille entre autres par sa rigueur, laquelle se retrouve dans le contrat de mariage, à en croire du moins les informations ayant fuité à ce sujet.

D'autres voyages ont renforcé mes soupçons. Voyages en Asie du Sud-Est, certes, mais aussi dans d'autres pays où, inévitablement, je devenais l'ami des Japonais présents, bien que, honte à moi, je ne parle pas leur langue. Je suis fort gêné de l'avouer, mais moi-même j'ai reçu une proposition de mariage d'une Japonaise dans le métro de Téhéran, dite dans le persan magnifique qu'elle parlait couramment, sous les regards médusés des voyageurs.

Mieux : les liens ou similarités entre certaines cultures et l'autisme commencent à faire l'objet de travaux de recherche. J'ai pu en trouver, par exemple, sous la plume de Timothy Takemoto, influent internaute en matière de culture japonaise, qui a publié un article de recherche sur le sujet, multipliant chiffres et graphiques. D'autres, plus savants que moi, en jugeront. Je ne retiendrai qu'un souvenir. Celui de mon amie Fabienne Ameisen, épouse du professeur Jean-Claude Ameisen, président du Comité national d'éthique qui a tant fait pour l'autisme. Fabienne est une éminente sinologue et une personne au grand cœur. Une fois, lorsqu'elle donnait bénévolement de son temps pour s'occuper d'un enfant autiste jugé déficient, ne sachant ni lire ni écrire à l'européenne, elle avait observé que l'enfant était bien plus à l'aise pour apprendre à tracer les sinogrammes dans le sable.

En somme, que dire d'autre que cette phrase du réalisateur Akira Kurosawa : « Dans un monde fou, seuls les fous sont sains d'esprit » ?

Trentième voyage

Où l'on fait fortune

4 avril 2015

Il est des anniversaires majeurs que personne ne pense nécessaire de fêter. Il y a quarante ans jour pour jour, le 4 avril 1975, était créée dans l'indifférence générale une petite entreprise, Microsoft. Bien entendu, nul besoin de faire de la publicité supplémentaire pour ce géant ; j'en ferai d'autant moins que je suis un « Linuxien » convaincu – tout comme, constat amusant, une majorité de mes amis autistes.

Parmi les éléments rendant néanmoins intéressant l'anniversaire de Microsoft figure le fait que, selon toute vraisemblance, le fondateur de l'entreprise, à savoir Bill Gates, est lui aussi « membre du club », pour le dire ainsi. Loin de cacher sa bizarrerie, il en fit une force : les anecdotes qu'il raconte lui-même abondent, que ce soit sur sa jeunesse, passée à bricoler d'obscures bécanes dans le garage de son père, furieux que son fils tourne si mal ; ou sur l'âge adulte, lorsqu'il mémorisait les plaques d'immatriculation de ses collaborateurs – une sorte d'ancêtre de la NSA, en somme. Ironie suprême, l'homme le plus riche du monde ne s'est jamais intéressé au management, préférant passer son temps avec les développeurs. Sacrée leçon de business.

Plus généralement, ce n'est pas un bien grand secret : le monde de l'autisme ne manque pas d'informaticiens ou de mathématiciens. On dit parfois, en guise de boutade, que l'informatique a été inventée par et pour les autistes, un peu comme les paraplégiques ont fait la télécommande et les sourds le téléphone. L'Autistan serait-il le premier et le seul pays numérique ? On pourrait le croire. J'ai pu croiser tant de programmeurs de génie avec autisme : l'un, vivant de son RSA, qui bricole des boîtes d'allumettes qui sont en fait un puissant nano-ordinateur, pour un prix total de trente euros ; un autre, à Téhéran cette fois, qui avait passé toute la soirée à tapoter du code sur son ordinateur, allongé par terre et nous tournant le dos, au lieu de se joindre à la petite fête privée à laquelle j'avais été convié. Oui, je n'étais pas le plus autiste du groupe, pour une fois.

La seule fois où je suis allé aux États-Unis, j'avais visité la partie « numérique » de la côte Ouest, près de la Silicon Valley. Pour des millions de personnes, dont une bonne proportion de gens « de chez nous » (je veux dire autistes), le rêve d'un monde radicalement nouveau semble à portée de main, ou plutôt de tablette. Que l'on croie ou non à ces rêves, ils représentent un saisissant contraste avec des contrées où la morosité règne, et où chacun pense que les lendemains ne peuvent qu'être pires encore que les temps actuels.

On peut y voir également une revanche ironique de la vie. Il y a un demi-siècle, l'emplacement alors désert de la future Silicon Valley attirait divers marginaux. Les gens de bonne société évitaient soigneusement cette région. Comme nous le rappelle l'historien Fred Turner, y rôdaient alors toutes sortes de groupes, à commencer par les hippies bien sûr, à l'époque les plus forts et qui paraissaient devoir l'emporter. Sans compter les amateurs de paradis artificiels, qui voyaient dans la drogue l'avenir de l'humanité, lesquels ont disparu de la scène de l'histoire ; leurs leaders, jadis des demi-dieux à l'instar d'un Timothy Leary, ont sombré dans l'oubli. Ce sont les plus discrets des marginaux, les plus mauvais en pub et autopromotion, les moins nombreux sans doute qui ont, et eux seuls, réussi à bâtir leur royaume pérenne, le seul où ils avaient une petite place : le monde numérique. Des personnes autistes, mais également des fous, des schizophrènes. Sait-on que Seymour Cray, père et créateur des superordinateurs Cray qui ont bouleversé l'histoire de l'informatique trois décennies en arrière, en faisait partie, lui qui creusait des tunnels sous sa maison pour y communiquer avec des ovnis ? Ces milliers de codeurs anonymes n'auront ni monument, ni parfois de tombe. Leur héritage est la danse invisible des électrons dans nos ordinateurs et dans nos vies. C'est à eux, à ces multitudes discrètes à qui nous devons tout, que je voulais en ce jour rendre hommage.

Trente et unième voyage

Où l'on apprend à reconnaître une démocratie

11 avril 2015

En ces temps postélectoraux (et préélectoraux, tout se mélange), on nous parle souvent de notre démocratie, assez malade il faut bien le dire. Les médias avancent toutes sortes d'avis ou d'idées pour, par exemple, rapprocher la France d'en haut et la France d'en bas. J'ignore comment on gère la question des inégalités en Autistan, car les gens de chez nous, sauf exception que je peine à trouver, ne deviennent pas des responsables publics. Pour autant, lors de mes visites à travers le monde, différents cas de figure m'ont donné à réfléchir.

L'une des premières fois où je fus confronté pour ainsi dire physiquement à la différence entre petits et grands de ce monde s'était produite du temps regretté de mes études à Tunis, encore avant la révolution tunisienne. Sadoq, un adorable vieux monsieur qui habite près de Tunis et qui avait été, il y a fort longtemps, conseiller du président Bourguiba, m'avait fait longuement contempler des collines voisines l'immense palais présidentiel de Ben Ali, alors détenteur d'un pouvoir absolu sur tout le pays. Jadis, disait-il la larme à l'œil, du temps de Bourguiba, le palais présidentiel n'était qu'une villa parmi d'autres. Bourguiba ne se souciait pas trop de ces choses-là. Ben Ali, au contraire, a racheté et fusionné tous les bâtiments aux alentours, barricadé le secteur, placé sa garde présidentielle partout et interdit de prendre des photos. Las ! moins de deux ans après ma visite, il a dû pour avoir la vie sauve s'enfuir de ses bunkers, qui ne lui auront finalement servi à rien. Ses forteresses n'auront donc que précipité sa chute, un peu à la manière de Ceauşescu et des autres Honecker, eux aussi amateurs de gruyère dans la terre, avant d'être balayés par la révolte populaire.

La même année, je fus l'heureux bénéficiaire d'une bourse d'études pour me rendre en Estonie, un petit pays qui n'a arraché son indépendance que récemment. Je m'étais épris de l'Estonie, cette paisible contrée où la vie est souvent bon enfant. Lors de mon séjour, le président habitait une maison somme toute fort ordinaire de banlieue ; le matin, il prenait le tram pour se rendre au boulot, naturellement sans gardes du corps. Les locaux m'ont dit qu'il laissait son jardin ouvert, et que l'on pouvait donc y pique-niquer ou faire un barbecue, littéralement sous les fenêtres du président. Dans la magnifique vieille ville de Tallinn, lors de mes balades d'étudiant, j'étais tombé au hasard sur tel ou tel ministère. Au hasard, car il s'agissait de maisons parmi d'autres. Ministère de l'Intérieur. Petite maison peinte. Aucun garde ni devant, ni dans les parages. Pas de caméra de sécurité. Vitres simples qu'une pierre aurait suffi à briser. J'étais ému.

Plus tard, j'ai pu visiter encore d'autres pays. Apercevoir d'autres palais et lieux officiels. Avec toujours ou presque ce constat dérangeant : à mon sens, la qualité d'une démocratie est inversement proportionnelle au nombre de gardes qui entourent les puissants. Et, ironie suprême, il se pourrait que les dirigeants se déplaçant seuls soient les plus en sécurité. En Islande, souvent, dans les aéroports il n'y a aucun contrôle de sécurité avant de monter dans l'avion, pas même un passage sous un détecteur à métaux. Dès mon deuxième jour passé en Islande, j'en avais fait l'expérience, lorsque je pris un vol intérieur. Je m'étonnais d'être monté dans l'avion comme on monte dans un bus. J'appris par la suite que, dans le même avion, à quelques rangs de moi, avait été assise une ministre en exercice. Mais qui donc pourrait lui en vouloir ? Plus généralement, qui pourrait en vouloir à l'Islande, pays sans armée où le métier où on s'ennuie le plus est celui de policier ?

Trente-deuxième voyage

Où l'on découvre les marchés orientaux

18 avril 2015

« Les marchés orientaux se démarquent par leurs couleurs et senteurs. » Cette phrase, dans sa version en arabe littéral, restera à jamais gravée dans ma mémoire. Elle fut tout simplement la première phrase en arabe que j'aie apprise, dans une méthode de langue que j'avais arrachée à mes parents par de longues supplications dans une grande surface. Elle est aussi de ces phrases qui vous ouvrent un monde nouveau, totalement inconnu. Las ! j'étais trop petit alors, dénué de compétences sociales. Les marchés orientaux et l'apprentissage de l'arabe ont été remis à bien plus tard. À l'époque, aller avec mon père au petit marché, bien plus occidental, de ma commune natale de banlieue était en soi une mission quasi impossible.

Nombre d'illusions se sont envolées lorsque je suis arrivé, à vingt-cinq ans, tremblant de peur lors de ma première incursion en Orient au *shouq ha-karmel*, le grand marché de Tel-Aviv. Mes camarades de classe m'avaient longuement vanté ce lieu gigantesque ; bizarrement, ils semblaient bien l'apprécier, d'aucuns disant même y avoir appris l'hébreu, ce que d'emblée j'avais jugé quelque peu suspect. Une fois sur les lieux, j'étais perdu, paniqué par le bruit et la foule, l'obligation de négocier. J'ai voulu lutter quelques minutes, me prouver que j'étais capable de visiter comme tout le monde le *shouq*, puis me suis enfui, honteux d'avoir échoué.

Lors d'un autre voyage en Orient, je suis entré, téméraire explorateur, dans le marché de la vieille ville de Tunis, alors que j'y étais étudiant. Même échec : trop de monde, trop de sollicitations. L'adrénaline qui monte, le cœur qui s'emballe, et la fuite éperdue. Mes rêvasseries de couleurs et senteurs orientales étaient finies à jamais, en apparence du moins.

En fait, comme je ne l'ai compris que plus tard, il y a au monde deux types de marchés : les marchés autisto-compatibles et les autres. Dans la première catégorie, et avec une petite étoile (ou asperge ?) d'or, les marchés scandinaves.

Quand vous arrivez sur un marché des pays nordiques, c'est le silence qui vous marque. Personne ne vous aborde pour vous proposer je ne sais quoi, nul besoin de négocier ; les couleurs, quant à elles, sont certes disposées selon une grille harmonique différente qu'en Orient, mais n'en demeurent pas moins vives que celles du conte oriental de mon enfance. L'affirmation peut surprendre quand on n'y est pas allé, j'en conviens : pourtant, les couleurs peuvent être très vives sur les marchés des villes du Nord, je pense par exemple à des localités aussi différentes que Tallinn, Trondheim, Akureyri (en Islande), ou, peut-être la ville qui m'a le plus marqué visuellement à cet égard, Røros (en Norvège, dans les montagnes). En quelque sorte, traumatisé par mes premiers échecs en Orient, je m'étais réconcilié avec les marchés par la voie du Nord.

Ce n'est qu'en ces quatre dernières années que j'ai pu, si j'ose dire, sabrer le champagne : en allant plus loin vers l'Orient, je me suis rendu compte que mes échecs à Tel-Aviv et Tunis n'étaient pas dus à mon incompatibilité avec l'Orient, mais au contraire au fait que ces marchés étaient trop occidentaux, conçus avant tout pour les visiteurs occidentaux.

Découvrir pour la première fois de véritables marchés d'ailleurs m'a enfin permis de rêver. En Oman, à Mutrah ou Nizwa par exemple, où vous pouvez voir les fameuses couleurs du rêve de l'enfance tout en entendant le son atemporel du vent du désert. En Iran, où par exemple les, dit-on, quatorze kilomètres du grand bazar de Téhéran se sont avérés bien plus en phase avec mes attentes en matière de silence que prévu. Quant à mon coup de cœur, il revient vraisemblablement au bazar historique de Tabriz, classé à l'Unesco, merveille d'art et d'histoire, tout à l'ouest de l'Iran, là où les cultures perse et azérophone sont indissociablement mêlées.

Moi qui avais assimilé « marché » à « agression sensorielle », j'ai dû reconnaître mon erreur. Le marché oriental, auquel le père des sciences humaines, Ibn Khaldûn, a consacré certaines de ses plus belles pages, n'est pas un lieu pour s'enrichir ou dénaturer l'autre : il est le lieu où se bâtissent l'humain et le vivre-ensemble. Tout le paradoxe tient en ce que nous autres, Occidentaux, ayons fini par croire que le marché était un non-lieu, comme dans l'expression « les marchés » pour dire « les marchés financiers », dénué d'êtres humains et surtout, dénué de ses couleurs et senteurs. Peut-être qu'un jour il me sera donné de visiter ce que fut le marché de Zanzibar, la ville de la princesse Salamé d'Oman et Zanzibar, la cité blanche des pierres du Sud.

Trente-troisième voyage

Où *Les Mille et Une Nuits* deviennent réalité – et ce qui s'en suivit

25 avril 2015

Ces derniers jours, on nous a beaucoup parlé du Salon du livre de Paris. Je ne peux que m'en féliciter, bien que pour moi, on s'en doute, les salons de ce type soient par trop bruyants et stressants. À cet égard, je n'ai que peu évolué par rapport à ce jour pluvieux où j'avais osé, très jeune adulte, mettre les pieds à la gigantesque Foire du livre de Francfort, avant de m'enfuir terrifié. On en oublierait presque ce qui explique la tenue du Salon du livre de Paris ces jours-ci, à savoir la proximité de la Journée mondiale du livre, le 23 avril, cette date qui pourrait, d'une certaine manière, être celle de mon deuxième anniversaire, si j'ose dire.

Autant en profiter pour parler de ces livres uniques, que l'on ne verra jamais dans une foire.

Les livres sont comme les vêtements : il y a le prêt-à-porter, dupliqué à de nombreux exemplaires, et il y a la haute couture, faite de pièces uniques. Et enfin, cachées dans le secret de discrètes voûtes, quelques pièces qui ont fait autant l'histoire que la légende.

Je m'étais mis à leur quête. Et joué de malchance chaque fois, me sentant de plus en plus honteux. Je suis allé en Irlande essentiellement pour apercevoir le livre de Kells (*Leabhar Cheanannais* en gaélique irlandais), l'un des plus vieux et plus beaux manuscrits des temps troublés entre Antiquité et haut Moyen Âge, où le vieil irlandais rivalisait avec le latin comme langue de culture. Ce jour, n'osant pas prendre le bus, j'avais marché durant des heures, évidemment sous la pluie, depuis l'aéroport de Dublin jusqu'à la vieille bibliothèque du Trinity College, où est entreposé le trésor. C'est là, tout près du but, que, catastrophe, j'ai paniqué devant la longue file d'attente. Depuis lors, je tremble à l'idée de revenir en Irlande.

Plus tard, j'avais voulu voir un autre de ces livres, le *Codex Sinaiticus*, dont les très précieuses feuilles sont pour certaines encore dans le monastère Sainte-Catherine, au cœur du désert qui a donné au Codex son nom. Las ! du fait d'un attentat, mon voyage a été annulé par les autorités israéliennes ; je n'ai pu dépasser alors la frontière – rage et désespoir. J'ai pu, bien sûr, voir le fameux livre d'Isaïe provenant de Qumrân au musée de Jérusalem – mais il ne s'agit que d'une simple copie, le tout dans un environnement autant touristique qu'aseptisé.

L'heure de la revanche a sonné pour moi un sombre jour d'hiver de l'an 2011 : j'ai pu visiter, quasiment seul, la salle des manuscrits de l'une des plus vieilles bibliothèques du monde, celle de Mashhad, aux confins orientaux de l'Iran, où la steppe turkmène mène aux montagnes afghanes. Car oui, là où aujourd'hui la guerre n'est qu'à quelques kilomètres, dans les temps anciens s'étendait le berceau d'une riche civilisation, peut-être la plus riche il y a mille ans. Je n'oublierai jamais comment on se sent à la sortie d'une telle salle, sous le ciel d'un bleu transparent des froides journées de l'Asie centrale : vraiment petit.

J'ai voulu revivre ce sentiment. Par deux fois, je me suis rendu dans le fabuleux trésor dit de l'ayatollah Marashi dans la ville sainte de Qom. Il faut franchir un dédale de couloirs avant d'accéder à une salle de la dimension d'une salle de classe, sans fenêtres. Henry Corbin, grand érudit français, avait qualifié ce lieu de huitième merveille du monde, caverne d'Ali Baba contenant les livres les plus précieux que le grand ayatollah Marashi, fabuleux collectionneur du siècle passé, avait placés là, hors du temps.

C'est là qu'il m'est arrivé une drôle d'histoire. Un employé, voyant probablement mon trouble (ou se souvenant peut-être que j'étais déjà venu ? les Occidentaux sont rarissimes par là-bas), m'a dit de le suivre. Dans un salon oriental, je me suis trouvé nez à nez avec un vieillard distingué, devant lequel les fronts touchaient presque terre. C'était le fils du grand ayatollah. Et voici le secret : ayant appris que j'étais du même peuple qu'Henry Corbin, cet érudit français ayant fréquenté les lieux il y a plus d'un demi-siècle, le fils de Marashi m'a offert un livre de la bibliothèque. Je me revois, bouche bée, tremblant devant mon hôte et répétant « combien ça coûte ? ». Le vieillard m'a simplement dit de le ramener dans mon lointain pays et de le traduire dans ma langue. Et il s'en fut. Aujourd'hui, le livre est chez moi. Et je suis rongé par le remords. De ne pas avoir tenu parole.

Trente-quatrième voyage
Où l'on découvre la sapience du rire

2 mai 2015

La Journée mondiale du rire, désormais imminente, a un statut juridique douteux. J'ignore si elle est, ou non, officielle, et ce que ce dernier terme veut dire. Peu importe en vérité : l'essentiel est le contenu. On souligne souvent que le rire est le propre de l'être humain, et c'est parfaitement exact. Il est d'autant plus cruel et faux de croire que certaines catégories humaines n'auraient pas accès à l'humour, comme on le sous-entend parfois des autistes ou des Chinois et Japonais.

Inutile donc d'ajouter que lorsque je me suis aventuré, en 2012, jeune autiste un peu fêlé, pour la première fois dans l'univers chinois, qui plus est pour séjourner dans un monastère bouddhiste fort austère, le rire ne devait pas être au rendez-vous. Je m'attendais à des mines défaites, des jeûnes rigoureux et des coups de bâton au moindre écart de conduite. Et pourtant, dès mon arrivée dans le monastère, dans les montagnes tropicales du Sud taiwanais, j'avais été intrigué par le comportement des moines et visiteurs. J'entendais des rires et de l'amusement. Ce n'est qu'après plusieurs semaines de cours que j'ai fini par comprendre : loin d'être des écarts de conduite, les rires des moines, hommes et femmes, étaient le socle de leur enseignement.

Car en effet, dans la tradition *chan* du bouddhisme chinois (*chan* se traduit par *zen* en japonais), la sagesse n'est pas uniquement à rechercher dans la savante étude de textes anciens. Elle est contenue dans des histoires que l'on se raconte. Des histoires sous forme d'anecdotes, dont la vie des plus grands maîtres est littéralement remplie, et qui sont souvent d'un humour ravageur, du moins quand on les comprend – ce qui ne va pas de soi, tant le contexte culturel est différent du nôtre, même avec une traduction du texte en question. Un vieux dicton *chan* (ou *zen*) énonce les choses à sa manière : il vaut mieux manger les plats plutôt que de ruminer le menu.

Le terme technique chinois pour ces anecdotes porteuses de sagesse est « *gong àn* », redoutablement difficile à traduire, évidemment. D'après les historiens, il s'agirait d'une fort ancienne tradition : à l'arrivée du bouddhisme en Chine, pays alors dominé par le confucianisme qui est avant tout un respect froid de l'ordre établi, les maîtres montraient par des histoires simples les absurdités quotidiennes du monde. Et quels enseignements on pouvait en tirer.

La tâche est bien rude de ne devoir choisir qu'un nombre restreint de pépites dans la grotte aux merveilles, de ne donner que quelques échantillons de ce qui remplit des bibliothèques. Un jour, Maître Tanzan et des disciples étaient partis en pèlerinage. Las ! les pluies avaient gonflé le niveau des rivières. Et justement, une femme de bonne société, aux vêtements élégants, était là, au bord d'une rivière en crue, ne sachant pas comment traverser. Maître Tanzan, sans hésiter, la prit sur son dos et traversa la rivière. Les disciples restèrent muets de stupéfaction : il était en effet rigoureusement interdit par le code monastique de toucher une femme. Les disciples ont, au cours des semaines suivantes, longuement discuté de l'incident. Ils n'osaient pas mettre le maître devant ses contradictions. En fin de compte, l'un d'eux s'avança et dit au maître qu'il avait mal agi en prenant la femme sur son dos. Le maître répliqua : « J'ai porté cette femme cinq minutes sur mon dos, et toi tu es obsédé par elle depuis trois mois ? »

C'est dans ce contexte que ce à quoi je ne m'attendais pas s'est produit : au lieu de lire ou entendre ces histoires, le destin voulut que j'en vécusse une. Arrivé dans une université monastique à Taiwan, on me fit entrer dans ce qui devait être ma chambre. Un lieu bien entendu fort austère, où l'on devait suivre pleinement toutes les règles de la discipline monastique. En ouvrant le modeste placard de ma chambre, j'eus un moment d'incrédulité : le placard contenait, pas même dissimulée, une belle bouteille intacte d'un whisky de grande marque. J'étais terrifié. Que faire ? Laisser la bouteille en place ? Si on la découvrait, on me mettrait sans doute à la porte, l'alcool étant bien sûr interdit. Cacher la bouteille ? Mais où ? Après une nuit inquiète, je suis allé voir, en panique, celui qui était le redouté « maître de discipline », exposant en bégayant qu'il y avait un problème dans ma chambre, et lui donnant la bouteille. Le moine rit, me remit la bouteille et me dit qu'elle était, je cite, « un cadeau du vénérable maître l'abbé du monastère ». Je suis resté interdit un long moment, ne sachant pas comment le comprendre.

Bref, on retrouve le dilemme du vénérable maître Oda Sesso (1901-1966), abbé du monastère Daitoku-ji (Japon), qui se demandait : « Y a-t-il une différence entre l'ivrogne intoxiqué par le saké et l'ivrogne intoxiqué par son supposé savoir ? »

Trente-cinquième voyage

Où l'on rencontre les fantômes de l'Europe et découvre leur leçon

9 mai 2015

Cette journée du 9 mai fait partie de celles qui ont fait le monde. Journée de l'Europe, mais aussi, et ce n'est pas un hasard, anniversaire de la fin de la guerre mondiale sur ce même continent. L'histoire, telle qu'on l'apprend dans les écoles avant de l'oublier aussitôt, souligne que le 9 mai 1950 au salon de l'Horloge du Quai d'Orsay Robert Schuman avait fait sa fameuse déclaration qui avait lancé la construction européenne pour de bon.

Tout ceci est parfaitement vrai ; pourtant, à mon sens il conviendrait d'aller un peu plus loin, d'évoquer ceux que l'on pourrait appeler les « fantômes » de l'Europe, des figures singulières totalement oubliées aujourd'hui. La « méthode Schuman » consistait à faire l'Europe en partant de l'économie, du charbon et de l'acier. Les fantômes de l'Europe, quant à eux, partaient d'une approche, ô ironie du sort, passée à la trappe en ces temps dits de mondialisation, à savoir le cosmopolitisme personnel.

Ma première rencontre concrète avec ce monde révolu a eu lieu par surprise. Lors d'une conférence sur l'autisme, j'avais été intrigué par l'animateur de la soirée, un monsieur d'un certain âge qui m'avait paru fonctionner bizarrement. Je suis allé le voir, et, comme je m'y attendais un peu, j'ai pu constater en discutant avec lui qu'il parlait avec une égale aisance un grand nombre de langues européennes, dont le tchèque et le hongrois, et semblait parfaitement au fait de l'histoire de l'Europe centrale. C'est alors qu'il m'avoua (mais est-ce bien étonnant ?) qu'il avait été le secrétaire particulier de l'archiduc et prince Otto de Habsbourg-Lorraine.

Le genre de personnage que l'on ne rencontre pas bien souvent. De ces gens qui appartiennent au « monde d'hier », aurait dit Stefan Zweig. Car jadis, dans la droite ligne de ce qu'étaient vraiment les Lumières, l'accent était mis sur l'effort personnel pour comprendre un grand nombre de cultures, au point de devenir citoyen du monde. Porté à sa perfection, ce courant a abouti à former des gens qui avaient une douzaine de langues maternelles, et qui se sentaient à l'aise un peu partout. On pourrait citer bien sûr certaines familles régnantes telles que les Habsbourg, mais aussi des figures majeures de l'histoire européenne, comme par exemple le comte de Coudenhove-Kalergi, un Austro-Japano-Tchéco-Franco-Américain, leader du mouvement paneuropéen, né à Tokyo et devenu bête noire d'Hitler après son mariage avec une femme de confession juive. Pour la petite histoire, Jean-Marie Le Pen dit être devenu antieuropéen en lisant, jeune député dans les années 50, Coudenhove-Kalergi, y voyant tout ce qu'il abhorrait.

Ces temps sont désormais révolus. Paradoxalement, aujourd'hui, le cosmopolitisme n'est plus. Il faut aller aux marges de la société, en Autistan par exemple, pour rencontrer encore de tels personnages. Rebecca est l'une de ces figures qui m'ont fasciné. Je l'avais rencontrée alors que j'avais un petit boulot temporaire dans une université de Téhéran. Déjà intrigué d'apprendre qu'il y avait une Américaine à Téhéran à l'université, j'ai découvert qu'elle parlait avec aisance, sans jamais buter sur les mots, persan, arabe, russe, etc., sans oublier le géorgien, redoutablement difficile ; je crois d'ailleurs qu'elle est la seule non-Géorgienne que je connaisse qui parle le géorgien. La sœur de Rebecca, autiste comme elle, n'avait pas eu de chance, et n'avait pas pu faire des études ou découvrir le monde. Aujourd'hui, Rebecca est prof à Singapour. Une fois, j'avais demandé à Rebecca où elle aimerait vivre. Sa réponse : partout, sauf dans l'Iowa, d'où elle provient. Et une de plus.

Parfois on se demande comment reconnaître les gens de chez nous, d'Autistan je veux dire. Dans la pratique, en situation, la question ne se pose pas. Ce jour d'automne 2013, lors d'une brève pause sur la route de Yerevan à Tbilissi, dans les monts du Petit Caucase, j'ai vu qu'il y avait un type bizarre sur le bord de la route. Il s'agissait d'un Australien qui faisait le trajet en voiture de Londres au Pakistan (*via* Iran, Afghanistan, etc.). Rien de moins. Quand il m'avait adressé la parole en tchèque, alors qu'il n'était absolument pas d'origine tchèque, j'avais la preuve que c'était quelqu'un « de chez nous ».

Après tout, Europe, ou plutôt Eurôpê, la déesse à qui le continent européen doit son nom, n'était pas d'ici. Princesse phénicienne, fille du roi de Tyr (aujourd'hui au Liban), elle connut l'exil à Crète, aux confins de ce qui est aujourd'hui l'Europe. Peut-être que ce jour de l'Europe pourrait aider à percevoir la mission et le sens véritables du continent : être le lieu d'accueil des gens bizarres, qui ne sont pas comme nous. Car en vérité nous sommes leurs filles et fils.

Trente-sixième voyage

Où l'on s'initie à la magie

16 mai 2015

La magie n'a pas bonne presse. Souvent, on discrédite la magie comme étant le fait de l'autre, du mal-aimé. Nous autres sommes bien trop rationnels pour céder à de pareils obscurantismes. L'idée n'est en rien récente : le terme « magie » lui-même, *mageia* en grec ancien, ne désigne pas autre chose que les pratiques des « mages », en d'autres termes des sages perses (*magush* en vieux perse), ou si l'on préfère des ennemis de l'époque des Grecs.

Je dois avouer que, mais cela ne surprendra pas au vu de ce qui vient d'être dit, autant je ne crois guère à la magie, autant je trouve son histoire fascinante. En d'autres temps, je serais peut-être devenu une sorte d'amateur de sciences occultes, à la manière d'un Pic de la Mirandole.

Aujourd'hui, la science et la technologie de l'Occident ont triomphé sans partage. Quoique. Plusieurs fois, j'ai été directement témoin, non pas d'activités surnaturelles au sens restreint du terme, mais de situations où, pour des raisons inexpliquées, il était manifeste à tous les participants que la puissance de l'Occident était bien modeste face à telle ou telle personne, comme surgie du fond des âges.

L'été dernier, à Yakoutsk (au cœur de la Sibérie), j'ai pu assister à plusieurs reprises à des rituels traditionnels des Sakha, le peuple majoritaire en ces lieux. Quand s'avance la vieille femme vêtue de blanc, la queue-de-cheval sacrée à la main, récitant les paroles sacrées d'Ayiihit, c'est comme si les usines sidérurgiques et Internet n'existaient plus. Même les plus accros au téléphone portable le lâchent soudain. J'ai beau être assez rationnel, du moins je le crois, mais la fois où je me suis retrouvé nez à nez, au milieu de nulle part, dans les zones tribales du Balouchestan, avec un arbre sacré, isolé dans les étendues désertiques infinies, je crois avoir ressenti quelque chose.

En Occident, la magie est souvent confondue avec de la prestidigitation. Comme on a perdu l'arrière-plan culturel qui subsiste encore en certains lieux reculés, que ce soit à Yakoutsk ou dans des zones tribales, ne subsistent que les tours qui reposent sur de la dissimulation élaborée. En effet, des groupes spécialisés, je pense par exemple au laboratoire de zététique de l'université de Nice, le montrent parfaitement : tout tour de magie à l'occidentale repose sur des trucs sociaux. Par exemple, le magicien regarde vers le haut, et toute l'assistance suivra son regard ; c'est à ce moment qu'il exécutera discrètement le geste fatidique qui assurera le succès de son tour de magie. Ou encore, il pourra deviner au trouble d'une certaine personne de l'assemblée que c'est bien elle qui est la propriétaire de l'objet qu'il tient entre les mains.

La magie occidentale est donc, en somme, un jeu avec les facultés supposées des personnes non-autistes. On retourne le handicap, en quelque sorte : les gens non-autistes, qui tendent à regarder les autres dans les yeux, pensent que c'est un avantage – et cela peut l'être, par exemple pour savoir deviner les émotions de l'autre. Toutefois, si vous regardez les yeux du magicien, vous regarderez moins ses mains. Ou ses pieds. À un autre niveau, on peut être amené à croire qu'un homme politique qui vous regarde droit dans les yeux vous dit la vérité. Des études américaines ont abondé dans cette direction ; je dois avouer que je me sentais fier en les lisant.

Las ! une étude récente de Gustav Kuhn de l'université de Brunel (Angleterre) a montré un phénomène étonnant dans le cas du tour connu sous le nom du tour de la balle qui disparaît. Des adolescents et jeunes adultes avec autisme étaient face à un magicien qui lançait une balle en l'air, faisant un mouvement vers le haut de la main, mais qui finissait par la maintenir dans la main lors du dernier lancement. On pourrait penser que les jeunes avec autisme suivent le parcours de la balle, et non les mains ou le regard du magicien, et démasquent donc la supercherie. Hélas ils ont été victimes du tour bien plus encore que leurs camarades non-autistes. Stupeur et déception ? En fait, le problème était tout simplement qu'il s'agissait d'ados et de jeunes adultes autistes à qui l'on avait, peut-être un peu trop, appris à se conduire en non-autistes. À toujours regarder dans les yeux. Les enfants autistes, quant à eux, ne faisaient pas l'erreur de leurs aînés autistes si j'ose dire normalisés.

Trop de sophistication nuit parfois. Nous éloigne peut-être de ce qui est fondamentalement humain. Pour ma part, j'en resterai à ce résumé gracieux fait par Pic de la Mirandole : « Faire de la magie n'est pas autre chose que marier le monde » (« *magicam operari non est aliud quam maritare mundum* »).

Trente-septième voyage

Où l'on entre dans la station fantôme

23 mai 2015

Je dois avouer que la période du Festival de Cannes fait partie de ces moments de l'année où je ne comprends rien à ce qui est dit dans les médias. Un déluge de noms obscurs, de concepts auxquels je n'ois (du verbe ouïr) goutte, comme on disait jadis. Ceci étant, je peux vous parler du cinéma autrement. Comme vous le savez, les enfants (et grands enfants) autistes ont des centres d'intérêt particuliers ; or, il arrive que par tel ou tel détour on retrouve une thématique commune avec le monde non-autistique. Suivons donc le guide pour retrouver nos classiques, en l'occurrence ceux du cinéma.

Nous irons aujourd'hui dans le métro, ou plus précisément dans ses stations fantômes. Car oui, vous ami lecteur qui prenez le métro, vous croyez en connaître les stations : ne figurent-elles pas sur le plan ? Détrompons-nous toutefois : le plan affiché du métro n'est qu'une petite partie de la réalité. La plupart des réseaux de métro à travers le monde ont leurs stations fantômes, de véritables stations qui pourtant ne figurent pas sur les plans. Quelque peu à l'instar de l'entrée dans le monde Harry Potter – où l'on arrive en train depuis une voie bizarre, comme par hasard.

Les stations fantômes de nos voyages sont bel et bien visibles, et pourtant rares sont ceux qui les connaissent. Elles peuvent pourtant faire vos joies et vos nuits, comme me l'a confirmé Valentin, un illustre ami avec autisme : quand le soir on commence à lire sur les stations fantômes, on y passera nécessairement la nuit.

Dans le cas particulier du métro parisien, une de ces stations est même devenue célèbre ; des millions l'ont vue sans s'en rendre compte. Il s'agit de la station dite « Cinéma ». Encore une fois, inutile de la chercher sur un plan du métro parisien : elle n'y figure pas. Géographiquement, elle se situe à quelques mètres à peine au nord de la station Porte-des-Lilas, sur la ligne 3bis – soit dit au passage ma ligne préférée, vu qu'elle est très marginale et que fort rares sont ses voyageurs. La station « Cinéma » est uniquement dédiée aux tournages de films et, chaque fois, elle est rebaptisée en fonction des souhaits du réalisateur. Ainsi, dans le film Amélie Poulain, à en croire ce que j'ai pu lire en parfait ignorant du septième art, elle porte le nom « Abbesses ».

Il en est des stations fantômes comme des autres : il en existe divers types. Le cas le plus commun sont des stations qui avaient à une époque été ouvertes, mais qui ont été fermées du fait des restrictions de guerre, et restées fermées depuis lors. À Paris toujours, on peut citer Arsenal (ligne 5), Saint-Martin (lignes 8 et 9), Croix-Rouge (ligne 10), etc. Plus mystérieuses : les stations entièrement construites, mais jamais ouvertes au public. Ma préférée est sans doute Haxo, au nom en soi chargé de mystère. Elle est située sur une particularité du métro parisien que fort peu de gens connaissent : les lignes 3bis et 7bis sont en fait reliées entre elles par deux voies secrètes, la « voie navette » et la « voie des fêtes », et la station Haxo, aux entrées murées, dessert cette dernière voie du règne des ombres, où jamais aucun passager habituel n'est descendu.

Le métro parisien n'est, bien entendu, pas le seul. En règle générale, pour qu'un réseau de métro ait beaucoup de stations fantômes, il faut qu'il soit ancien (il ne faut pas trop hélas compter sur les réseaux très récents et rationnels, comme le métro de Rennes) ; il faut qu'il y ait eu des hésitations lors de la construction ; il vaut mieux aussi que des considérations militaires soient de la partie.

Généralement, le réseau de rêve pour les vrais mordus de stations fantômes est celui de Londres. Cela ne surprendra personne : il s'agit du plus ancien de tous les métros, aux tunnels étroits, aux dimensions gigantesques. Et, pour ne rien gâcher, construit sur une terre riche en fantômes. À Londres, les stations fantômes sont presque plus nombreuses que les stations ordinaires. Il semblerait d'ailleurs que certains des tunnels les plus anciens et les plus oubliés soient la terreur des employés du métro, qui n'oseraient, selon certaines sources, pas s'y risquer, car ils seraient réellement hantés. De temps à autre, la presse anglaise relate le triste sort de tel ou tel employé téméraire, agressé par les êtres qui ont élu ces ténèbres pour domicile. Parfois, les stations fantômes nous content un monde révolu : ainsi, la regrettée station Castle Hill (Ealing Dean), dans l'ouest de Londres, a fermé ses portes le 30 septembre 1885 (oui, il y a près de cent trente ans !). Elle était située au dépôt de lait, et de là partaient des trains chargés de lait à travers la capitale anglaise.

Les passagers humains ne sont pas les seuls, en effet, à prendre le métro. À côté du lait anglais, un cas très peu connu, même des amateurs de stations fantômes, tient en l'histoire de la voie des finances du métro parisien. En effet, à une époque, il y avait une voie étroite de soixante centimètres qui ramenait l'argent collecté de tout le réseau jusque dans les coffres de l'administration centrale. La voie étroite des finances commence derrière une porte blindée située elle-même dans une voie un peu fantôme, le raccordement entre les lignes 1 et 5. Les observateurs les plus perspicaces ont sans doute noté l'existence d'un quai étrange, éternellement fermé sur la station Gare de Lyon de la ligne 1 : ce quai mène à la fameuse porte blindée, puis à la voie des finances.

Dans d'autres pays, le métro sert aussi à l'armée ou aux services secrets. Nous entrons là dans une autre dimension. Ainsi, à Pékin, la ligne 1, la plus chargée, mène en fait beaucoup plus loin que le terminus officiel actuel, Pingguoyuan. Elle dessert en effet la zone militaire de Pékin, avec certaines stations dont le nom a filtré, par exemple Fushouling, les autres étant confidentielles. Le cas sans doute le plus abouti, mais aussi le plus mystérieux, est le « métro 2 » de Moscou. En effet, parallèlement au métro officiel et qui fait mes délices pour diverses raisons, il y a, ou il y aurait, un réseau de métro encore plus profond, encore plus étendu. Ce métro 2 relierait le Kremlin à la centrale du FSB (ex-KGB), divers bunkers et instituts secrets. Une seule ligne de ce métro 2 a été photographiée, il s'agit de la ligne D6, dont certaines stations sont même connues. Pour le reste, le secret est le plus total. J'allais dire : loin des projecteurs de cinéma.

Trente-huitième voyage

Où l'on apprend l'impérieuse nécessité de l'inutile

30 mai 2015

Nous le savons, de nos jours, tout doit être optimisé. Il faut optimiser les ressources. Il faut atteindre l'excellence, comme le répètent les responsables publics aux jeunes générations – avec des résultats variables, pour le dire le plus gentiment possible. Il ne faut pas perdre son temps, et encore moins son argent.

Pour ma part, ces derniers jours, ce paradigme mental a volé en éclats. Il m'a été donné de passer quelques jours au Pakistan, ce pays à la fois tellement proche et tellement mis à l'écart. À vrai dire, l'expérience commence, fort curieusement, avant même d'y mettre les pieds. Il convient de savoir que lorsqu'on emprunte par exemple les compagnies aériennes des pays du Golfe (que je ne nommerai pas, n'ayant pas les moyens de faire face aux tracasseries juridiques), les destinations sont rangées en deux catégories : d'une part, quand on va en Amérique ou dans un pays européen, on aura un avion moderne, voire bling-bling ; quand, d'autre part, on prend la même compagnie à destination d'un pays humble, on voyagera dans un très vieil avion, sale et déglingué, avec un service minimal. On peut, à juste titre, dénoncer ce racisme déguisé ; toutefois, pour ma part, une fois de plus, j'en ai bien profité : mon vol vers le Pakistan s'est déroulé à bord d'un très vieil engin. Qui dit très vieil engin dit non-optimisé : en d'autres termes, rempli de vieux sièges, avec beaucoup de place pour les jambes. Des sièges plus larges également, où on peut être assis de travers. Et même, ô surprise pour qui n'a pas connu l'âge d'or de l'aviation il y a quatre décennies, des places à côté des sièges pour ne pas avoir à lever les bagages. Des places « inutiles », dirait aujourd'hui un concepteur d'avion qui voudrait « optimiser » l'espace. J'ai été songeur durant toute cette partie du vol. Et me remettais de la partie du vol « moderne », à savoir le trajet depuis la France jusqu'à mon escale dans le Golfe, où j'avais été broyé par des sièges neufs et optimisés.

Mieux. À l'arrivée, on peut observer sur les routes du Pakistan nombre de fort étranges camions. Chez nous, les camions sont optimisés : chaque millimètre cube est exploité et les coûts de fabrication sont minimisés, les décorations, quand elles existent, sont réduites à un logo informatif, « utile » en somme. Au Pakistan, et notamment pour ce qui est des régions du Nord, les camions sont de véritables bijoux. Peints de mille couleurs selon des motifs fort complexes, ils portent toutes sortes de décorations, si j'ose dire, à la façon d'un sapin de Noël – mais en mieux. Chacun est unique, chacun exprime la personnalité de sa communauté, de son artiste. C'est je crois l'un des seuls lieux au monde où j'ai ressenti un coup de cœur pour les camions. Et me suis vu routier pakistanais, parcourant les hautes vallées et autres zones tribales.

Une remarque analogue vaudrait pour l'université qui m'a accueilli : les choses n'y étaient pas optimisées, à l'image des repas par exemple. Il y avait trop de nourriture par rapport au nombre de participants. Trop de choix, aussi. Chez nous, on aurait optimisé les choses en proposant, au mieux, un plateau-repas unique et vite distribué, au pire en demandant aux invités d'aller au fast-food du coin. Les étudiants et professeurs que j'ai eu la chance de rencontrer ne géraient pas leur argent de façon optimale, eux non plus. Je ne compte plus le nombre de fois où j'ai été invité, gratuitement, à bénéficier de l'hospitalité de telle ou telle région du pays, de telle ou telle tribu jugée barbare.

À eux tous, la gorge serrée par l'émotion : « *Shoukriya* » (« merci », en ourdou). Je suis rentré rassuré que l'on puisse encore, aujourd'hui, ne pas optimiser les choses. Car après tout, nous autres personnes handicapées et celles qui se croient un peu vite valides, ne savons-nous pas que nos vies ne pourront jamais entrer dans un quelconque schéma d'optimisation ? La vie humaine, donnée gratuitement, pourrait bien être, fondamentalement, inutile par rapport à tout référentiel d'attribution de mérites commerciaux. C'est ce qui, en vérité, en fait la noblesse et la vraie valeur.

Trente-neuvième voyage

Où l'on passe le bac
et atteint l'excellence

6 juin 2015

Amis lycéens et étudiants, on vous l'a dit et répété, il faut travailler dur pour atteindre l'excellence. En ces temps de révisions intensives, quel aspirant à je ne sais quel diplôme n'a pas à l'esprit tant de sigles prestigieux, de noms d'écoles qu'il souhaiterait intégrer ? Je dois avouer que, dans mes jeunes années, je n'ai pas vraiment été porté par ce type d'ambition ; je ne connaissais pas les noms des grandes écoles, ne rêvais que de mathématiques dans une approche proche de celle dite de « l'art pour l'art ». Et ne révisais guère avant les examens.

Pour révéler un petit secret : j'avais été accepté au lycée Louis-le-Grand pour y faire ma classe de première, mais j'avais refusé d'y aller ; j'avais en effet calculé qu'un temps de trajet plus long au quotidien pour rejoindre cet obscur (pour moi) établissement abrégerait d'autant mon temps libre passé à bouquiner ou programmer mon grand amour de l'époque, ma calculatrice. Le coup de grâce est venu plus tard, lorsque j'étais étudiant en Allemagne. Pour la première fois, je croisais de temps à autre des membres de la super-élite, des gens de Polytechnique, de Normale sup. Alors, j'ai pu constater qu'ils n'avaient pas d'auréole autour de la tête. Que leur allemand était médiocre. Que rien ne les démarquait clairement des autres. Et qu'ils en venaient à éviter de fréquenter les lieux où, ô scandale, le nom illustre de leur école était inconnu – c'est-à-dire la quasi-totalité du monde.

Peu à peu, avec les voyages, j'ai pu voir que chaque société avait ses hiérarchies et critères d'excellence, parfaitement arbitraires et incompréhensibles vus de l'extérieur, rendant d'autant plus étranges les aspirations de la multitude à accéder à ce qui est désigné comme les hautes sphères.

En Iran, le nombre de places à l'université publique est très limité. Il y existe un examen national (on utilise le mot « concours » venu du français) qui tourne vite à un jeu de massacre. Au sein du massacre, il y a ensuite un « carré de la mort » pour espérer rejoindre les quelques rares places des universités téhéranaises de médecine par exemple. On comprend les jalousies qu'a dû susciter par exemple Atefeh, mon amie téhéranaise dont il a déjà été question plus haut, qui avait été la première au classement national en médecine. Tant d'efforts récompensés, dira-t-on. Certes. Mais qui, hors d'Iran, a la moindre notion de tout cela ?

Le meilleur symbole de la relativité des excellences pourrait être l'Académie impériale de Pékin. L'ENA de la Chine impériale, si vous préférez. À mon sens, de tous les pays, c'est la Chine impériale qui a organisé le système de concours le plus sélectif, le plus complet, le plus exigeant et sans doute le plus absurde aussi. À Pékin, donc, on peut visiter, et je le recommande, les murs du Guozijian, où étudiaient les meilleurs des meilleurs, après un processus de sélection byzantin et des exigences mnésiques au-delà de ce qui est humainement imaginable. On ne peut s'empêcher de ressentir, au-delà du sentiment de vénération dû à tout lieu d'histoire, une forte impression de gâchis. Voire un absurde confinant à la parodie, face aux listes des titres des plus illustres mandarins d'antan.

À Moscou, en certains lieux, on peut ressentir quelque chose d'analogue, quoique en bien plus tragique. Ici, une génération à peine sépare les fastes années des universités d'élite du monde soviétique – elles qui formaient les plus hauts dirigeants du Tiers-Monde et dont le seul nom faisait courir un frisson de respect – de leur oubli total et de leur chute. Qui sait encore ce qu'était l'université Patrice-Lumumba ? Et dire qu'elle fit, en un temps pas si lointain, rêver des millions de personnes à travers le monde…

Heureusement que le savoir véritable, lui, n'a guère besoin de ces excellences.

Quarantième voyage

Où, en fin d'année, on finit par apprendre les langues mortes

13 juin 2015

Dans la discussion (assez vaine et frustrante, il faut le dire) autour de l'enseignement des langues anciennes, tout le monde part de l'idée qu'il y aurait des langues vivantes d'un côté et des langues mortes (ou « anciennes », par euphémisme) de l'autre.

Or, rien n'est plus faux. Les langues vivent, meurent, jusque-là rien de bien nouveau, mais aussi… ressuscitent ou renaissent. Le phénomène est bien plus banal qu'on ne le pense. Mon premier contact avec lui remonte à plus de dix ans, au temps heureux où, ô miracle, j'ai eu mon premier ami. Loïc est une personne avec autisme, toujours un peu décalé. Et, surtout, un linguiste fabuleux, spécialiste d'un domaine dont j'ignorais tout : la dialectologie celtique. La famille des langues celtiques présente une particularité : la plupart de ses langues sont éteintes ou presque. Certaines ne survivent que dans de petites communautés de passionnés, à l'instar du cornique. D'autres, plus confidentielles encore, n'existent plus que dans le cœur d'une minuscule poignée de fêlés (c'est un compliment dans ma bouche). Je pense par exemple au vieil irlandais, cette langue de culture qui jadis rivalisait avec le latin ; aujourd'hui, en France, il n'y a probablement que deux personnes, dont mon ami Loïc, à la connaître véritablement, deux personnes dont elle anime le cœur.

Un peu plus tard, j'ai été à mon tour happé par ces langues que l'on disait mortes, mais qui vivent bien plus qu'on ne le pense, comme lorsque je me suis lancé dans l'étude de l'hébreu, cette langue, selon l'expression yiddish consacrée, *alt-nay*, « nouvelle-ancienne », qui a été recréée il y a à peine un siècle et demi après près de deux millénaires d'oubli. J'étais fasciné. Je ne comptais pas mes heures consacrées à l'étude – que dis-je, à la vie réelle.

En 2009, j'ai fait encore un bond en arrière de plusieurs siècles. Du fait de mes pérégrinations universitaires, je me suis enfin trouvé, un peu par hasard au début, sur les bords de l'océan du savoir, face à sans doute la plus ancienne des langues encore vivantes : le sanskrit. Au début du cursus (un cursus en soi particulièrement confidentiel...), nous étions une poignée. Très vite, j'étais le seul élève du professeur Mishra, venu exprès de l'université de Bénarès (Varanasi, en sanskrit). Et ce durant deux années. Deux années de grammaire et de sanskrit oral. Deux années à picorer dans le corpus sans équivalent de textes sanskrits.

On le sait peu en Occident, mais le sanskrit est à la fois l'une des langues les plus anciennes au monde du point de vue des textes subsistants et l'une des langues vivantes les plus stimulantes. Car oui, il y a des communautés, des villages où on parle sanskrit. Le village de Mattur, en Inde, par exemple. Mais aussi ce colloque à l'université de Delhi où j'ai rencontré d'éminents sages conversant en sanskrit. Et à toute petite échelle cet appartement parisien où mon professeur me donnait des leçons particulières.

D'aucuns font l'impossible pour faire vivre cette langue. Un film a même été réalisé en sanskrit (sur la vie d'Adi Shankara, grand philosophe indien des temps révolus). Le sanskrit, caractéristique à peu près unique parmi les langues, est une langue dont la grammaire, d'une complexité hors du commun, est parfaitement immuable depuis des millénaires. En somme, la langue des dieux.

Aujourd'hui, mon professeur indien a rejoint son pays. Mon corps est pour l'heure encore en Occident, comme l'aurait dit le grand poète juif espagnol médiéval Yehuda Ha-Levi, mais mon cœur vibre pour et irrésistiblement tend vers l'Orient.

Quarante et unième voyage

Où l'on apprend à apprécier la musique auprès des maîtres d'ailleurs

20 juin 2015

Voici venu (ou presque) l'un de ces moments de l'année qui éveille en moi de fort pénibles souvenirs. Petit, mes parents, qui savaient bien sûr mes hypersensibilités auditives d'alors, me mettaient longuement en garde à l'approche du 21 juin et de sa fête de la musique. La nuit serait particulièrement difficile. Il fallait faire provision de boules Quies, maintenir portes et fenêtres scellées quelle que soit la température dehors. Et s'attendre au pire. Sorte de répétition générale avant l'apothéose des feux d'artifice du 14 Juillet, à suivre quelques jours plus tard. Fort logiquement, je n'ai guère ressenti de proximité avec la musique durant mes jeunes années. J'y voyais, je rougis de le dire, une nuisance, au mieux une perturbation. Et je dois également avouer que jusqu'à ce jour je n'ai à peu près aucune connaissance de ce que la plupart des Occidentaux appellent « musique ».

Pour moi, la première rencontre positive, au sens où j'en garde un souvenir autre que paniqué, avec un musicien a eu lieu par surprise. En voyage, bien entendu. C'était un artiste de rue – en Occident on aurait dit un mendiant. Devant la grande église Svetitskhoveli à Mtskheta, l'une des plus vieilles villes de Géorgie, à l'est du pays. J'avais auparavant entendu parler de la musique traditionnelle géorgienne, du patrimoine extraordinaire que représentent les chants du Caucase, mais n'y avais guère prêté attention. Là, enfin, cette musique était devant moi. Le double choc émotionnel de cette cathédrale venue d'un autre monde et de cet humble musicien avait mis en péril mes certitudes.

Un peu plus tard, il m'a été donné d'en croiser d'autres, de ces « petits » musiciens itinérants, par exemple en Iran. On ne peut que ressentir un vif sentiment de révolte quand on compare l'ignorance à paillettes des prétendus musiciens d'Occident avec le grand dénuement de toutes choses matérielles des maîtres d'ailleurs. En effet, la musique en Occident repose sur une prémisse fausse : elle serait là pour divertir. Accompagner une fête. Son sens véritable est ailleurs, et ce depuis la première aurore humaine. En grec, la musique est littéralement tout ce qui relève des muses. Hésiode, à l'heure où la Grèce était encore un magma de peuples, résumait sa longue adresse aux muses par ces mots : « Muses habitantes de l'Olympe, révélez-moi l'origine du monde et remontez jusqu'au premier de tous les êtres. » Rien de moins.

Si je devais proposer à mon tour un nom d'artiste pour la fête de la musique, peut-être que je citerais celui de Khalil Alinezhad (1968-2001), qui n'aurait que cinquante-sept ans s'il avait vécu. Ce musicien iranien est totalement inconnu en Occident, où pourtant il est mort, brûlé vif en Suède par des inconnus, en 2001. En Orient, son nom figure parmi ceux des plus grands maîtres. Maître absolu du *tanbur* (un instrument à corde, une sorte de luth à manche long), mais également maître spirituel d'un courant très particulier, entre alévisme, shiisme et soufisme. À lui seul, il est le signe de la complexité des cultures de l'ailleurs, où les traditions musicales et culturelles s'imbriquent pour explorer les plus intimes raffinements de l'être, par exemple dans ses interprétations des poèmes en persan classique de Hafez de Shiraz : «Je tremble que les larmes dans notre chagrin ne fassent rideau devant tes yeux. » Lorsque vient le moment de l'extase, où la musique s'affranchit de son rythme pour flotter le temps de quelques secondes, Alinezhad démontre mieux que quiconque la phrase de celle qui fut la meilleure experte du soufisme, Eva de Vitray-Meyerovitch : « Une fois que tes yeux seront ouverts, le monde t'apparaîtra un rêve. »

Quarante-deuxième voyage

Où les chaleurs nous poussent à rejoindre la plage

27 juin 2015

L'arrivée de l'été, selon un cliché usé jusqu'à la corde, est associée à la plage. Difficile de faire autrement, on en convient. Pourtant, il faut savoir que c'est là un phénomène fort récent : venir de loin jusqu'à la plage pour le plaisir ne va pas de soi, et n'était pas envisageable en Europe avant le XIXe siècle, lorsque sous l'influence du romantisme les hautes classes sociales anglaises ont délaissé la pratique traditionnelle du « grand tour » du patrimoine historique européen au profit de séjours d'agrément par exemple à Brighton ou à Nice. Ce constat a pour nous un corollaire réjouissant : hors « zone occidentale », les gens n'ont pas forcément pour coutume d'aller à la plage. Et par suite, les plages sont souvent désertes ou presque. Un rêve d'autiste.

En Europe, pour atteindre le même résultat, il faut bien préparer son déplacement : venir par mauvais temps et tôt le matin par exemple, mais sans garantie de résultat dans les deux cas. En outre, en Europe, les plages ne présentent de toute façon aucun intérêt en termes de découverte culturelle, vu qu'il n'y a rien à faire à part attendre que les rayons du soleil altèrent le teint de la peau.

Pour moi, les critères de la bonne plage sont donc clairs : premièrement, il faut qu'il n'y ait ni touristes, ni plaisanciers ; deuxièmement, il faut que la plage soit exempte de pollution et de saletés, bien entendu ; et troisièmement, dans la mesure du possible, il faut qu'elle permette des découvertes ou des activités nouvelles : des pêcheurs traditionnels, du bois fossile échoué devant les formes tourmentées duquel on s'émerveille ou, comme sur ces plages d'Oman que je n'oublierai pas, des tortues marines géantes qui parfois viennent y pondre dans le silence de la nuit.

Si je ne peux faire de classement pour l'été qui vient, j'oserais citer deux coups de cœur néanmoins, très différents. D'une part, la côte Est, très sauvage, de Taiwan, plus précisément la zone entre Taïtung et Hualien. On aurait tort de confondre Taiwan avec une usine à transistors : ici, les plages ont toutes les qualités : désertes, avec de hautes montagnes d'un côté, et de l'autre l'océan Pacifique infini, la moitié du globe. Un peu en hauteur, on peut visiter des villages des Aborigènes, les habitants premiers de l'île, bien avant l'arrivée des Chinois. Et pour renforcer le sentiment d'éternité : du bois venu d'un autre temps que l'on peut apercevoir sur les plages. Ce fut pour moi l'un des rares moments de mon existence où j'ai eu l'impression que tous les repères, espace, temps, étaient abolis.

La deuxième plage, elle, n'est pas unique. Il s'agit plutôt d'un ensemble de plages, plus blanches que celles que l'on voit photoshopées sur les publicités. Météo très favorable à la baignade toute l'année, température de l'eau à faire pâlir les stations balnéaires les mieux établies. Et des plages garanties sans touristes. J'ai pu moi-même marcher sur des kilomètres dans des décors parfaits à tous égards sans croiser âme qui vive. Il s'agit des îles entre le Yémen et la Somalie, de ce chapelet qui prolonge la pointe extrême de la corne de l'Afrique. De ces lieux, je ne connais directement que, hélas, une petite partie ; toutefois, je suis devenu, par les hasards de la vie, ami avec une grande experte des lieux, peut-être la seule parmi les Occidentales : Jessica, écrivaine anglaise et fille d'un acteur bien connu des non-autistes. Elle m'a longuement raconté, pendant les semaines que nous avons passées ensemble l'hiver dernier, ce que signifiaient pour elle les plages de Mogadiscio (où elle habitait), celles de Kismaayo et celles de l'antique Puntland, le sommet de la corne de l'Afrique, riche en trésors archéologiques dont les savants ignorent tout. Hélas, il y a une chose que je n'ai pas réussi à faire avouer à Jessica : comment elle obtenait les permis de passage et par qui elle passait pour s'y rendre. J'ai pourtant tout essayé. Les meilleures plages resteront décidément les plus confidentielles.

Quarante-troisième voyage

Où l'on fête d'une manière nouvelle la fête nationale

4 juillet 2015

Quand j'étais petit, j'ai eu de ces moments où j'avais envie de sauter en l'air, de crier – et parfois je ne m'en privais pas. Pour les autres autour de moi, ce comportement était dénué de raison, encore un de ces moments de folie qui me prenaient. Mais pour moi, c'était parce que j'avais eu l'impression de découvrir quelque chose. Ainsi cette fois où, enfant, j'avais, à force de tripoter les chiffres, entrevu que les distances des planètes au soleil n'étaient pas aléatoires, mais que, au contraire, les planètes étaient régulièrement réparties autour du soleil – j'ignorais à l'époque que ce fait assez curieux avait déjà été remarqué par d'autres.

À force de réfléchir à des sujets un peu bizarres, parfois on aboutit à des constats surprenants.

Aujourd'hui, puisque le 4 juillet est la fête nationale américaine, je me hasarderais à partager avec vous un de ces faits que je trouve assez troublants. Et que, à ma connaissance, nul n'a encore commenté : les fêtes nationales n'ont pas lieu à n'importe quel moment de l'année. Cette affirmation peut paraître un peu ésotérique : après tout, étant donné que les pays naissent dans des circonstances historiques exceptionnelles, les fêtes nationales devraient être aléatoirement réparties tout au long de l'année. Pourtant, tel n'est pas le cas.

Je vous l'accorde, il faut être pour le moins dérangé pour songer à de tels sujets : le jour de la fête nationale, on regarde les feux d'artifice, on s'amuse, mais on ne comptabilise pas les dates des fêtes nationales – après tout, la plupart des gens ignorent souverainement les fêtes nationales des autres pays que le leur. Ils ont bien tort. Les chiffres sont en effet sans appel : les fêtes nationales, à une forte majorité, ont lieu durant les mois d'été ou de début de l'automne. Les mois de juillet, août et septembre ont chacun plus de vingt fêtes nationales ; juin et octobre s'approchent de la marque sans l'atteindre. À l'inverse, les mois d'hiver, comme par exemple janvier et mars, sont particulièrement peu courus. Est-ce le simple hasard ? Ce serait peu probable, vu que l'échantillon est de taille suffisante pour être représentatif. Faut-il y voir le rôle du climat ? L'explication serait tentante : après tout, lors de la genèse de la plupart des pays le rôle des saisons sur la vie humaine était plus fort qu'il ne l'est aujourd'hui.

À y regarder de plus près, les rares pays à avoir une fête nationale en janvier comprennent l'Australie, où l'été austral se déroule durant ce que nous nommons « hiver », et des pays où le climat varie peu, tels que Cuba, Haïti et le Myanmar. D'ailleurs, une fois, un ami omanais m'avait fait une remarque : en bonne logique, et comme c'est le cas dans nombre de monarchies, la fête nationale omanaise aurait dû être le jour anniversaire de l'accession au trône du sultan, à savoir le 23 juillet. Or, on a choisi de fêter à la place sa date de naissance, soit le 18 novembre, pour la bonne et simple raison qu'il fait trop chaud en juillet pour faire la fête en Oman. En Angleterre, il y a même une tradition à cet égard : la reine (ou le roi) a deux anniversaires – son anniversaire exact, assez peu célébré, et son anniversaire officiel, qui a lieu en été et qui donne lieu à de grandes cérémonies (*Trooping the colour*). La reine actuelle suit la coutume, bien qu'elle soit née le 21 avril ; c'était plus net avec par exemple Edouard VII, qui était né le 9 novembre, mais le fêtait en été.

Inutile d'ajouter que je ne m'y connais que fort peu pour ce qui est des cérémonies proprement dites, les ayant évitées de mon mieux pour fuir la foule et le bruit. Et j'ai pourtant failli vivre en direct un événement historique : la naissance d'un nouvel État. En effet, lors de mon dernier séjour au Yémen fin janvier 2015, dans le sud du pays, une fièvre majeure s'était emparée de toute la population ou presque : l'indépendance du Yémen Sud allait être proclamée, c'était une question d'heures. Tout le monde y croyait, les conversations portaient sur la délimitation de la frontière, si telle ou telle ville serait « avec nous » ou « avec eux ». Plus d'une fois, j'ai cru que c'était déjà fait, par exemple lorsque j'avais vu un groupe de femmes qui dansaient sur la plage en chantant « *istiqlal* » (« indépendance »). Las ! la suite fut bien moins joyeuse. L'État yéménite s'est bel et bien effondré, sans pour autant donner naissance à une autre structure. Je repense souvent à mes amis rencontrés au Yémen. Il y a trois jours, j'ai reçu un email de l'un d'entre eux, lui qui jadis était professeur à l'université à Mukala, une ville par laquelle j'étais passé, et qui est désormais contrôlée par Al-Qaïda : cet ami a réussi miraculeusement à rejoindre Oman. Et de conclure : je cherche n'importe quel métier, dans n'importe quel pays.

En tout cas, bonne fête nationale à nos amis d'Amérique. Et n'oublions pas que le 4 juillet est également, à ce qu'il paraît, la Journée nationale de la salade César, avis aux amateurs.

Ultime voyage

Où l'on regarde le ciel

11 juillet 2015

« Le ciel est bleu », chacun le sait. D'ailleurs, dans beaucoup de pays, quand les enfants apprennent le français à l'école, c'est par cette phrase, « le ciel est bleu », qu'ils commencent – de ce fait, quand un Français voyage dans certains coins du monde, on l'accueille par cette phrase. Le bleu est également, dans la plupart des cas, la couleur préférée des personnes autistes, d'où le fait qu'on l'ait choisie comme couleur de l'autisme.

On pourrait croire que le ciel est similaire un peu partout, qu'il est l'une des choses qui réunit tous les peuples à travers le monde. Le hic, c'est que tel n'est pas tout à fait le cas. Le ciel n'a pas la même teinte partout – et ce n'est pas aux nuages que je pense, mais bel et bien au ciel dégagé. En voyage, j'ai souvent été frappé par les différences de la teinte du ciel selon les lieux, sans pouvoir toutefois en faire de théorie générale. En français, il n'y a qu'un mot pour désigner la couleur du ciel : le bleu, ou, si l'on préfère, le bleu ciel. Pour un francophone, il s'agit toujours de la même couleur, avec des nuances. D'autres langues séparent en couleurs distinctes ce continuum : par exemple en russe il existe deux couleurs distinctes en lieu et place du bleu français : *sinii* et *goluboi* ; pour un russophone, l'une de ces couleurs n'est pas une nuance de l'autre. Parfois, c'est l'inverse, avec notamment une confusion entre le bleu et le vert, comme en gallois, en chinois classique (*qîng*) et en japonais (*ao*) : au Japon, les feux tricolores portent donc les trois couleurs rouge-orange-bleu.

Au-delà des dénominations, j'ai peine à croire, pour ce qui me concerne, que la couleur du ciel dégagé à Paris soit une simple nuance du ciel que l'on voit en Asie centrale. À Samarkand (Ouzbékistan), à Mashhad (Iran), pour ne prendre que deux villes où j'ai longuement contemplé le ciel, il est d'une pureté telle qu'on n'en sent plus la substance. Une teinte hypnotique, qui devient une sorte de miroir au monde intérieur – quoi demander de plus sur les terres natales du soufisme ? Peut-être que des physiciens l'expliqueraient par la distance considérable à l'océan ou à la mer, qui réduit le taux d'humidité : simple passant, j'en ignore la cause, et n'en contemple que les effets.

Un deuxième type de ciel marquant dans ma petite typologie personnelle pourrait être le ciel qui porte des cristaux de glace. En certains lieux froids, le ciel scintille comme un diamant. Petit, cela m'avait émerveillé en Suède par exemple. D'autres types de particules, par exemple du sable en suspension, peuvent donner une teinte particulière à l'air des déserts, mais je n'en suis pas franchement adepte ; pour moi, la teinte sable brise quelque peu la pureté du bleu. L'un des avantages des déserts en Oman est qu'ils ne déteignent pas sur le ciel, intensément bleu.

Mais peut-être que ma couleur ciel préférée, que je n'ai découverte que récemment, est celle de l'altitude. Au-delà d'une certaine marque, 4 000 mètres, 5 000 mètres peut-être, la couleur du ciel devient proprement extraordinaire, avec une luminosité sans pareille. Comme si la lumière nous venait plus pure. Le critère le plus sûr en est que, subitement face à un tel ciel, les Occidentaux les plus endurcis, ceux dont les yeux sont le plus obstinément rivés sur un écran de téléphone, se figent, et, ô miracle, lèvent la tête, le temps comme suspendu.

Peut-être qu'à l'été qui s'ouvre il me sera donné de revoir ce ciel, en errant sur les chemins du monde. Chers amis, qu'il me soit permis de vous remercier de m'avoir accueilli durant une année, alors même que selon les astres à ma naissance je n'étais vraiment pas destiné à la radio. Je ferai enfin mienne cette phrase devenue la devise des chemins infinis de l'Asie centrale : « J'ai cherché le Bien-Aimé partout à travers le monde ; il m'attendait dans ma propre maison. »

Table

Table

Imprimé en France par CPI
en avril 2016

pour le compte des Éditions Plon
12, Avenue d'Italie 75013 Paris

Composition réalisée par FACOMPO, LISIEUX

N° d'impression : 3017371
Dépôt légal : mars 2016